Écrit et illustré par
Caroline Drogo

J'AI UN MESSAGE POUR TOI

Livre-oracle

SOLAR ✷ ÉsoPop

QUI SUIS-JE ?

J'ai plusieurs cordes à mon arc : directrice artistique, tarologue, numérologue, artiste, illustratrice, auteure, créatrice de contenus... Avec un chemin de vie 4 et un stellium en capricorne, je ne sais pas rester inactive sans mille projets en tête.

Dans mes réalisations, j'aime associer mes deux passions : l'art et l'ésotérisme, afin de créer un univers coloré, où le mystique est accessible à toutes et tous. Je partage donc mon temps entre les tirages de cartes, l'illustration, l'écriture et ma vie de cat lady trentenaire, à fabriquer des couvertures au crochet pour mon chat, à lire et à faire du sport. Une belle vie de sorcière moderne, ma foi !

Tu pourras me retrouver sur Instagram : @carolinedrogo.

UN LIVRE POUR OBTENIR UN MESSAGE

Mon rituel du dimanche soir : me poser dans mon salon avec une tasse de thé fumant et mes cartes de tarot et d'oracles. En mélangeant plusieurs jeux, j'élabore les messages que je partagerai le lendemain sur les réseaux. Au fil du temps, ces posts sont devenus un rendez-vous que j'aime particulièrement et qui est très apprécié de ma communauté.

Après tout, on aime tous et toutes se sentir guidé·es. Que l'on soit cartésien·ne ou spirituel·le, on jette toujours, plus ou moins discrètement, un œil à son horoscope pour avoir une idée de l'ambiance de sa journée. Pour certain·es, que l'horoscope voie juste est seulement un heureux hasard. Personnellement, je me situe dans l'équipe qui croit au destin, j'aime l'idée que nous recevons les bons messages au bon moment.

L'idée de ce livre m'est venue quand une amie à qui j'avais offert un tarot m'a dit : « J'ai abandonné, c'est trop compliqué d'interpréter les cartes, je préfère lire tes messages, c'est plus simple ». J'ai donc commencé à imaginer ce livre que tu tiens entre les mains. Un ouvrage coloré, avec différents types de messages : des directs pour les plus pressé·es, des plus développés pour avoir toutes les cartes en main et des messages illustrés si tu souhaites laisser libre cours à ton intuition pour interpréter.

Si tu as besoin d'un signe en réponse à l'une de tes questions, il te suffit d'ouvrir ce livre pour l'obtenir !

COMMENT UTILISER CE LIVRE

Je t'invite à formuler une question dans ton esprit. Par exemple : « Est-ce le bon moment pour demander une promotion ? » Puis ferme les yeux, ouvre le livre au hasard et place ta main gauche sur la page de ton choix. La réponse à ta question est là.

Pour des messages plus complets, tu peux aussi faire une lecture en plusieurs temps. Par exemple, si tu es dans une situation d'indécision entre deux options, tu peux choisir une page pour l'option une, puis une autre page pour l'option deux, et ainsi, comparer les avantages et les inconvénients de chacune.

TU PEUX ÉGALEMENT FAIRE UNE LECTURE COMME AVEC LES TIRAGES DE TAROT

On va se baser sur le modèle du tirage à 3 cartes. Il s'agira de poser une question puis d'ouvrir 3 pages du livre, chacune représentera un élément de réponse.

POUR FAIRE UN POINT SUR TA VIE

- La première page ouverte pour représenter ton passé
- La deuxième page pour le présent
- La troisième page pour le futur

POUR RÉPONDRE À UNE PROBLÉMATIQUE

- La première page ouverte pour évoquer ton point de départ/ ta situation actuelle
- La deuxième page pour représenter ce qui bloque ton évolution
- La troisième page pour te proposer une solution

POUR UN TIRAGE D'AMOUR

- La première page ouverte représente votre couple
- La deuxième page te renseigne sur l'obstacle de votre union
- La troisième page te montre ce que vous devez travailler pour avancer

POUR UN TIRAGE PROFESSIONNEL

- La première page ouverte représente ta situation actuelle
- La deuxième page représente ce que tu dois accomplir pour progresser
- La troisième page te propose un conseil

POUR UN TIRAGE BIEN-ÊTRE

- La première page ouverte représente ton humeur du moment
- La deuxième page te montre ce qui limite ton bien-être
- La troisième page te propose une solution

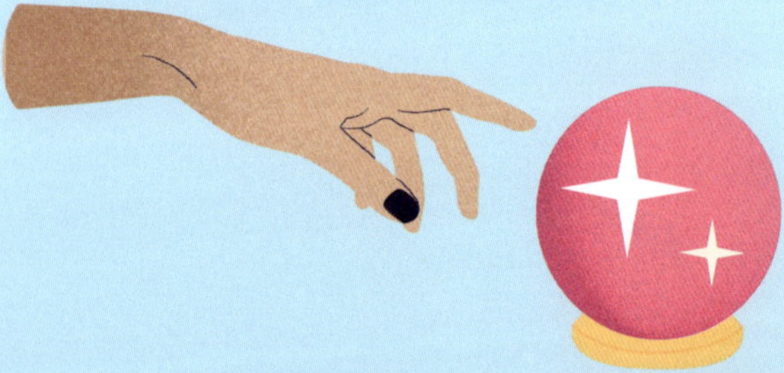

TROIS PROFILS DE MESSAGES

Maintenant que l'utilisation de ce livre n'a plus de secrets pour toi, regardons ensemble les trois types de messages que tu croiseras au fil des pages.

LE MESSAGE ILLUSTRÉ

Chaque dessin est accompagné d'un mot-clé pour t'aider à comprendre sa signification. Ce modèle de message te permet de laisser ton intuition te guider : peut-être qu'un élément du dessin fait écho à ta situation ?

LE MESSAGE DIRECT

Pas de temps à perdre, ce message de quelques mots est simple, direct, synthétique.

LE MESSAGE COMPLET

Je te livre un propos plus détaillé dans lequel je développe, un peu comme dans un tirage de cartes, ta situation, en ajoutant des pistes de réflexion et des conseils.

Tu trouveras également dans ces pages les rubriques :

- « **Soyons direct** » : un résumé du message par un oui ou par un non.
- « **Numéro** » : une correspondance issue de la numérologie.
- Et « **Le signe** » : une correspondance symbolique sous la forme d'un animal, d'un objet à repérer dans ton quotidien

pour confirmer le message. Par exemple, je t'invite à formuler à voix haute : « Si je suis sur le bon chemin, envoyez-moi dans les 48 heures le numéro X (chiffre associé au message) ou tel animal, symbole... » Ce signe peut apparaître sous forme d'une adresse, d'un numéro de file d'attente, d'un animal que tu rencontreras.

À plusieurs reprises j'ai pu expérimenter ces signes sur ma route : un héron dans une rue parisienne, une chauve-souris qui tournait devant ma fenêtre, des numéros miroirs, tels que 88, 222..., sur des tickets de file d'attente pour des examens médicaux stressants. J'adore les indices que l'univers nous envoie. C'est toujours fascinant de voir comment ils se faufilent jusqu'à nous. Je tenais à ce que toi aussi tu en fasses l'expérience. J'ai donc sélectionné, selon leur signification et leur symbolique, des animaux, des pierres, des fleurs ou des objets. Découvre ton message et garde les yeux grands ouverts !

LE BEST OF DE L'ÉSOTÉRISME

Pour la conception de cet ouvrage, j'ai mélangé dans mon chaudron toutes les pratiques qui me tiennent à cœur : tu trouveras au fil des pages des références au tarot, à l'astrologie, à la numérologie, la lithothérapie, la symbolique des animaux et des fleurs...

J'associe ces différentes pratiques au quotidien dans mes consultations, cette combinaison de savoirs étoffe les messages et leur donne plus de précision selon moi. Et peut-être que cela éveillera une curiosité chez toi et te donnera envie d'apprendre ces techniques ancestrales ?

DES MESSAGES POUR TE GUIDER

Il est important de voir les messages sur sa route, mais encore plus de s'écouter et d'agir en conscience selon son libre arbitre. Cet ouvrage est ici pour t'apporter des conseils, t'épauler dans tes décisions, pas pour te dicter ta conduite. Fais confiance à ton intuition.

LES MESSAGES

PRENDS UNE RÉSOLUTION

Un souffle nouveau vient balayer une situation qui est douloureuse et reste sans issue. C'est une réelle libération qui arrive. Une fois ce chapitre de ta vie clôturé, tu auras besoin de prendre du temps pour toi. Pour d'abord reprendre ton souffle, puis pour t'éclaircir les idées et trouver une nouvelle direction.
Où souhaites-tu aller désormais ?
Que souhaites-tu créer une fois que plus rien ne te retiendra ?

SOYONS DIRECT

Oui, bientôt !

POUR CONFIRMER CE MESSAGE :

LE NUMÉRO

7

LE SIGNE

Le serpent

CULTIVE TA DIFFÉRENCE

RALENTIS
TA COURSE
ET PRENDS
LE TEMPS
D'OBSERVER

PRENDS CONSCIENCE DE TES FORCES

Tu sembles être dans un moment délicat où tu te sens particulièrement vulnérable, avec cette sensation d'être pris·e dans une spirale et de ne pas avoir assez de force ou de chance pour t'en sortir. Tu es en contact direct avec tes peurs, tes parts d'ombre. Tu as tellement plus de capacités que tu ne le penses ! Il faut enlever ce bandeau sur tes yeux, qui t'empêche de le percevoir. Tes forces sont ton intuition et ta famille — de sang ou de cœur —, qui est présente pour toi. Ne reste pas seul·e, laisse-les t'aider.

SOYONS DIRECT

Oui, il le faut !

POUR CONFIRMER CE MESSAGE :

LE NUMÉRO

18

LE SIGNE

La chouette

SITUATION TOXIQUE

LE MESSAGE DU MIMOSA

J'aime dire qu'avoir des branches de mimosa, c'est comme avoir plein de petits soleils chez soi. Cette fleur t'invite à te reconnecter à ta force intérieure mais aussi à montrer toute cette lumière que tu as en toi.
Pourquoi ne pas te préparer un look coloré et élégant ? Fleurir ta maison ? Ou bien profiter de cette énergie rayonnante pour aller vers les autres, oser t'exprimer et te montrer plus extraverti·e ? C'est par ces actions qui peuvent sembler bien simples que tu te sentiras radieux·se et en sécurité.

SOYONS DIRECT

Oui, tu as besoin de faire un peu de ménage...

POUR CONFIRMER CE MESSAGE :

LE NUMÉRO

41

LE SIGNE

Une branche de mimosa

RÉALISE TON RÊVE D'AMOUR

Message affectif (au sens large) ! On t'invite à te questionner sur le rêve que tu souhaites concrétiser pour ton couple, ta famille ou ta vie amoureuse. Quel est ce projet d'amour si important à tes yeux et pourtant que tu n'as pas encore réalisé ?
Ne reste pas immobile en attendant que cela tombe du ciel. C'est à toi d'agir. Ne laisse pas la peur d'échouer te pétrifier. Il faut passer à l'action et avoir un regard optimiste sur le futur.

SOYONS DIRECT

Oui, il le faut !

POUR CONFIRMER CE MESSAGE :

LE NUMÉRO

16

LE SIGNE

Un cœur

CHAQUE DOULEUR FINIT PAR PASSER

LE MESSAGE DE L'ARCANE DU PENDU

Mon ami·e, tu es bloqué·e ! Comme le personnage sur la carte du Pendu, tu es pieds et poings liés en attendant un signe, une issue ou bien que quelqu'un vienne te sauver... Alors, oui, c'est extrêmement frustrant comme situation. La poésie du tarot peut être cruelle parfois : ce message te dit que, si tu es suspendu·e la tête en bas... eh bien, profites-en pour observer le ciel et les étoiles.
Traduction : si une situation bloque, concentre-toi sur autre chose !

SOYONS DIRECT

Non.

POUR CONFIRMER CE MESSAGE :

LE NUMÉRO

13

LE SIGNE

Une étoile

PROBLÈME

TU PEUX
TOURNER
LA PAGE

C'EST LE TEMPS DU BILAN

Tu as besoin de poser les choses, un bilan s'impose. Tu cours après le temps sans savoir si cela a encore réellement du sens pour toi. Un quotidien qui est trop prenant, trop rapide... Tu n'as pas l'opportunité de faire le point calmement.
L'idéal pour toi serait de prendre quelques jours loin de tes obligations pour t'accorder du temps ; si cela n'est pas possible, alors prends au moins un week-end, qui sera entièrement dédié à cette introspection afin de répondre à ces questions : « Où en suis-je dans ma vie ? », « Est-ce toujours la bonne place pour moi ? »

SOYONS DIRECT

Non, pas tout de suite.

POUR CONFIRMER CE MESSAGE :

LE NUMÉRO

8

LE SIGNE

Un bateau

C'EST MAINTENANT

Si tu es tombé·e sur cette page, alors peut-être as-tu un projet personnel en tête ! Ce message est là pour te confirmer que tu es au bon endroit, au bon moment. Oui, il faut se lancer. Tu as le droit et tu mérites de concrétiser cette idée. Il y a, dans cet objectif, l'idée de passion, de s'autoriser à être soi, de se faire plaisir.
Afin de réussir au mieux, un conseil : communique sur ce fameux projet. Ne le garde pas caché dans tes tiroirs mais montre-le, discutes-en avec ton entourage. L'évolution sera positive et très rapide, tu pourras même te sentir dépassé·e par autant de vitesse et de facilité !

SOYONS DIRECT

C'est un grand OUI !

POUR CONFIRMER CE MESSAGE :

LE NÚMERO

1

LE SIGNE

La couleur jaune

CÉLÉBRATION

LE MESSAGE DE SATURNE

Mon ami·e, tu es actuellement dans l'un de ces moments de vie qui challengent. Lors de ces prochaines semaines, tu vas devoir faire preuve de discipline et d'organisation. Donner le meilleur de toi-même, voilà ton mantra !
Tu souhaites passer à une nouvelle étape de vie, plus responsable, plus mature. Il te faut du concret. Les leçons du passé sont apprises ; maintenant, tu te construis une base solide. Tu es capable de gravir cette nouvelle montagne qui s'offre à toi.

SOYONS DIRECT

Oui, tu en es capable !

POUR CONFIRMER CE MESSAGE :

LE NUMÉRO	LE SIGNE
9	Saturne

ACCEPTE
L'AIDE
QUE L'ON
TE PROPOSE

AVANCE
ÉTAPE PAR
ÉTAPE

POSE DES LIMITES

Toi qui es en train de lire ces mots, es-tu dans une période intense dans le domaine relationnel ou pro ? Le message pour toi est de ralentir le plus possible ton rythme et de prendre du recul pour avoir une vision plus apaisée de ta situation. Car actuellement tu es dans un élan qui est, certes, passionné, mais aussi dévorant.

Tu donnes trop d'amour, de temps ou d'argent à une relation. Qu'elle soit amoureuse ou professionnelle, l'investissement ici n'est pas bon ! Si tu es le ou la seul·e à faire des efforts en allant vers l'autre, l'équilibre ne sera jamais là.

Accorde-toi une pause pour prendre du recul et mettre en place un nouveau cadre.

SOYONS DIRECT

Non.

POUR CONFIRMER CE MESSAGE :

LE NUMÉRO

7

LE SIGNE

Une boussole

OUVRE-TOI AU MONDE

Ce message est là pour t'annoncer qu'il te faut renouer des liens avec le monde extérieur ! Car actuellement c'est un peu comme si ton esprit était uniquement réglé sur une vision négative du monde. Tu t'isoles en pensant te protéger, pourtant, c'est cet isolement qui te blesse.
Que faire pour y remédier, me demanderas-tu ? Cultiver la compréhension, la compassion et la tolérance, pour toi mais également pour ton entourage. Te remémorer que tu n'es pas seul·e. Et favoriser des unions enrichissantes. Disons donc adieu à tout ce qui t'enferme dans une humeur pessimiste !

SOYONS DIRECT

Non, pas comme ça.

POUR CONFIRMER CE MESSAGE :

LE NUMÉRO

22

LE SIGNE

La couleur blanche

CECI EST
LE SIGNE
QUE TU
ATTENDAIS

REPENSE L'UNION

Pour toi qui as choisi cette page, ceci est un message d'amour — certain·es y verront peut-être leur union professionnelle. Ton couple est solide, équilibré, il y a un lien fort entre vous deux. Pourtant il y a également une forme de stérilité dans cette union. Peut-être faites-vous face à une impasse ? Pas de panique, car ici les cartes ne parlent pas d'une fin mais d'un virage à prendre.
Le conseil pour toi est donc de chercher une autre façon de faire. Et cette autre voie, tu la trouveras !

SOYONS DIRECT

Oui, mais pas comme tu l'imagines.

POUR CONFIRMER CE MESSAGE :

LE NUMÉRO

2

LE SIGNE

Une balance

IL EST TEMPS
DE PRENDRE
TA PLACE

C'EST FRUSTRANT MAIS ÇA VA PASSER

Tu es dans un moment de vie qui est très certainement frustrant, car tu ne te sens pas libre. Comme si tu ne pouvais pas affirmer qui tu es ou montrer ce dont tu es capable. Tu as beaucoup d'amour à donner et de choses à dire mais pas l'espace pour le faire. Effectivement c'est une période instable, mais tu vas traverser cette tempête en avançant peu à peu, jour après jour. Concentre-toi sur ce que tu souhaites transmettre et accomplir, reste authentique. Tu vas y arriver.

SOYONS DIRECT

Oui, patience, ne baisse pas les bras !

POUR CONFIRMER CE MESSAGE :

LE NUMÉRO

7

LE SIGNE

Une épée

LE MESSAGE DE LA LUNE GIBBEUSE CROISSANTE

Ta tête est tournée vers le futur, avec ce besoin brûlant de changer sérieusement les choses dans ta vie ! Ton objectif est de t'améliorer dans plusieurs domaines, mais l'heure n'est pas encore à l'action. Tu es dans une phase de projection, et il est important que tu poses tes intentions, que tu commences dès à présent à ajuster ta stratégie afin de concrétiser tes projets.

Tout changement implique de tourner la page d'un précédent chapitre. Prends le temps de te demander si tout est bien réglé ici et maintenant avant de passer à la suite.

SOYONS DIRECT

Oui, mais il faut réfléchir encore.

POUR CONFIRMER CE MESSAGE :

LE NUMÉRO

9

LE SIGNE

Une lune

FENDS
L'ARMURE

SOIS
AUTHENTIQUE

INVESTIS DANS TON AVENIR

Es-tu actuellement dans une réflexion d'investissement ? Car tu sembles avoir besoin de prendre un temps pour préciser tes projets, peaufiner ta vision avant de te lancer. Imaginons la prochaine partie de ta vie, de quoi souhaiteras-tu être fier·e à la fin ? D'avoir eu une carrière brillante, une famille aimante, d'avoir construit un patrimoine à léguer ? Ce message est là pour te donner confiance en tes objectifs : il est temps d'investir en toi, et de passer à l'action une fois que tes objectifs seront bien clarifiés. Est-ce que ce que tu fais aujourd'hui contribue au futur de tes rêves ? Ne remets plus à demain ce qui doit être fait aujourd'hui, la vie est courte !

SOYONS DIRECT

Oui, il faut y aller !

POUR CONFIRMER CE MESSAGE :

LE NUMÉRO

10

LE SIGNE

Un écureuil

ENTRAIDE

LE MESSAGE DE L'ARCANE DU PAPE

Dans la vie il y a des moments difficiles, où nous devons reconnaître nos faiblesses et demander de l'aide. Si tes yeux se posent sur cette page, alors le message est clair : tu sais ce qu'il te reste à faire ! Cela peut être un·e ami·e, un·e thérapeute, quelqu'un de confiance qui a suffisamment d'expérience pour te conseiller au mieux et te donner les clés. Il faut avoir un regard extérieur sur ta situation pour remettre de la structure dans un domaine. Ce n'est donc pas le moment de s'entêter et de jouer au ou à la rebelle ! Écoute, reçois les avis et applique ce qui te semble bon pour toi.

SOYONS DIRECT

Non, il te faut de l'aide.

POUR CONFIRMER CE MESSAGE :

LE NUMÉRO

5

LE SIGNE

Une clé

LE MESSAGE DE L'OBSIDIENNE NOIRE

Si ta main s'est posée sur cette page alors c'est qu'un important nettoyage est nécessaire. Il y a une situation ou une relation, dévorante et épuisante, qui n'a plus sa place dans ta vie. Peut-être te sens-tu pris·e dans une spirale dont il est impossible de sortir ?
Si cela te parle, la première chose à faire est de prendre pleinement conscience de ce qu'il se passe : pourquoi cette situation a autant d'emprise sur toi, sur quelle peur elle appuie ? La deuxième étape est de mettre des limites claires et de reprendre le contrôle. Troisième et dernière étape : on met de la distance, on coupe, on tourne la page. Ne laisse plus cette spirale te dévorer. Tu en es capable.

SOYONS DIRECT

Non, il faut remettre de l'ordre !

POUR CONFIRMER CE MESSAGE :

LE NUMÉRO

777

LE SIGNE

Une pierre noire

N'AIE PAS HONTE DE TON AMBITION

LE MESSAGE ASTRO DU SCORPION

Destruction et réparation, voilà l'esprit du Scorpion ! Ressens-tu actuellement un profond besoin de transformer ta vie ? Ce message est le signe que tu es dans la période parfaite pour te concentrer sur ce qui te passionne, ce qui te fait vibrer, et de stopper ce qui n'a plus raison d'être. Il faut voir ton énergie comme un précieux investissement. Pas de temps à perdre !
Tu es également dans un moment où la spiritualité et le monde mystique s'invitent dans ton paysage. En plongeant dans tes parts d'ombre et en explorant tes sentiments sans réserve, tu sauras mettre en avant une nouvelle facette de ta personnalité.

SOYONS DIRECT

Oui, il est temps de changer !

POUR CONFIRMER CE MESSAGE :

LE NUMÉRO

5

LE SIGNE

Un scorpion

PROMESSE TENUE

IL TE FAUT DU CHANGEMENT !

LE MESSAGE ASTRO DU LION

Le félin du zodiaque te pousse à retrouver ta lumière ! Il est temps de briller de mille feux.
Comment, me demanderas-tu ? En te concentrant sur ce qui te fait rugir de plaisir et en te mettant en avant. Ton esprit sera davantage tourné sur les divertissements et la légèreté que sur les responsabilités (et ça te fera un bien fou, ça libérera ta lumière).
Dans les prochains jours, un nouvel élan viendra te placer sur le devant de la scène, tu avanceras avec confiance. Sors la tenue la plus brillante de ton dressing et écoute en boucle *Heroes* de David Bowie.
Le monde n'attend que toi.

SOYONS DIRECT

Oui, il est temps de briller !

POUR CONFIRMER CE MESSAGE :

LE NUMÉRO

11

LE SIGNE

Un lion

BYE BYE !

Il faut que ça bouge ! Cela fait un moment que tu es frustré·e car la situation stagne, rien n'avance comme tu le souhaites. Tu n'es pas entendu·e, pas reconnu·e à ta juste valeur, cette incompréhension ne fait que grandir. Le message pour toi est simple : il faut partir. Quitter cette impasse.
Alors rien ne te pousse à remettre ta démission une fois que tu auras refermé ce livre, mais il faudra commencer à songer à la suite. Si l'on part, quelle est notre prochaine destination ? Il y a un changement important à prévoir : déménagement, reconversion... Un contrat sera signé dans les prochains mois !

SOYONS DIRECT

Non, inutile de rester dans cette situation !

POUR CONFIRMER CE MESSAGE :

LE NUMÉRO

8

LE SIGNE

Un chat

PRENDS
DE LA
HAUTEUR

LE MESSAGE DE LA HOWLITE

Tu sens que la période est tendue. Ton entourage est à cran, les relations au quotidien sont difficiles. Il ne faudrait pas ajouter de l'huile sur le feu. Tu vas donc tenir le rôle de diplomate auprès de tes proches. Apporter des paroles calmes et rassurantes, détendre l'atmosphère pesante. La voix de l'apaisement c'est toi ! Sans doute que tu trouveras une réelle satisfaction dans cette mission que tu t'es appropriée.
Serait-ce le début d'une vocation ?

SOYONS DIRECT

Oui, il faut que tu interviennes.

POUR CONFIRMER CE MESSAGE :

LE NUMÉRO

6

LE SIGNE

Une howlite
(pierre blanche marbrée)

REGARDE TOUT
LE CHEMIN
QUE TU AS
PARCOURU

POURSUIS

REFAIS BATTRE TON COEUR

Pour toi qui lis ces mots, une nouvelle page sentimentale doit s'écrire. Peut-être es-tu célibataire ou bien dans une relation qui stagne, dans une impasse, depuis bien trop longtemps ? Une phase de deuil s'annonce, durant laquelle tu pourras établir tes priorités et décider ce que tu te souhaites pour la suite.
Il se pourrait bien que tu fasses un voyage pour t'aérer l'esprit et prendre le temps de poser les choses. Ne sois pas triste car cette phase ne durera pas longtemps. Tu ressentiras rapidement une urgence à aimer de nouveau et à te laisser embarquer dans une nouvelle relation. Le meilleur est à venir, ton cœur ne demande qu'à battre à la chamade !

SOYONS DIRECT

Non, ta route te mène ailleurs.

POUR CONFIRMER CE MESSAGE :

LE NUMÉRO

222

LE SIGNE

La couleur rouge

TROUVE UNE NOUVELLE VOIE

Une collaboration professionnelle ne semble plus t'apporter d'épanouissement. Tu sens au fond de toi que tu devrais prendre une décision ferme. Hélas, c'est tout simplement impossible car tu te sens épuisé·e et perdu·e. Difficile de faire un choix serein quand son esprit part dans tous les sens. Bien sûr, tu as le droit de faire l'autruche, mais cette situation ne sera pas tenable à long terme.

Ce que je te propose comme plan d'action :

1. Prendre le temps de te reposer.
2. En discuter avec des gens de confiance.
3. Te décider.
4. Agir.

Es-tu prêt·e pour la phase numéro 1 ?

SOYONS DIRECT

Non, il faut se reposer avant d'agir.

POUR CONFIRMER CE MESSAGE :

LE NUMÉRO

444

LE SIGNE

Des ciseaux ou un couteau

AVANCE PROGRES-
SIVEMENT,
UNE MARCHE
APRÈS L'AUTRE

GARDE ESPOIR

VIS LA DOLCE VITA

Tu rentres dans une période stable où la sécurité financière et matérielle est assurée. Peut-être as-tu un projet de déménagement qui se concrétise ? La vie te semble plus simple car tu as trouvé ta place, tout fait sens. C'est un moment délicieux et apaisant, à savourer. Tu profites de tes réussites et tu peux porter un regard bienveillant sur tout le chemin que tu as parcouru.
Dans ton questionnement il y a également l'idée de prendre du temps pour ta famille, d'être plus présent·e dans ta vie personnelle maintenant que le domaine professionnel est consolidé. C'est parti pour la dolce vita donc !

SOYONS DIRECT

Oui, c'est le moment de se poser.

POUR CONFIRMER CE MESSAGE :

LE NUMÉRO

6

LE SIGNE

Une pièce, ou un billet

AIE LE COURAGE DE DIRE NON

LE MESSAGE DE LA ROSE

Te sens-tu particulièrement vulnérable en ce moment ? Comme si tu étais pris·e dans une tempête qui ne s'apaise pas ? Tes émotions sont intenses et déstabilisantes. Il est difficile de prendre de la hauteur sur ta situation et d'analyser de façon logique ce qui se joue en ce moment. Ce message vient à toi afin de t'inviter à accepter cette vague qui t'envahit, mais aussi à ne pas chercher à vouloir tout maîtriser à tout prix.

Rien n'est simple, il faut accueillir ce cycle en ne restant pas immobile devant cette fameuse vague mais en naviguant dessus du mieux que tu peux. C'est en exprimant ce que tu ressens et en lâchant prise sur ce que tu ne peux maîtriser que tu trouveras un début d'apaisement.

SOYONS DIRECT

Non, il faut que tu sois plus apaisé·e.

POUR CONFIRMER CE MESSAGE :

LE NUMÉRO

77

LE SIGNE

Une rose

LE MESSAGE DE LA LOUTRE

Inutile de te forcer à être productive et d'avoir la tête dans tes projets, ce n'est pas le moment ! Non, là maintenant tout de suite, tu as besoin de t'amuser avec tes proches. La loutre est un animal affectueux qui aime s'amuser. Voilà ton animal spirituel pour les prochaines semaines. Alors au lieu de planifier la prochaine réunion, tu peux préparer tes vacances en famille, organiser un repas entre amis, faire des jeux... Rire et te sentir entouré·e de tes proches, voilà le programme !

SOYONS DIRECT

Non, pas maintenant.

POUR CONFIRMER CE MESSAGE :

LE NUMÉRO

6

LE SIGNE

Une loutre

VIDE
TON SAC
HOME

RIEN NE CHANGE

SI

RIEN NE CHANGE

OSE CHANGER CE QUI DOIT L'ÊTRE

Tu as le choix. Deux options s'offrent à toi. La première est de rester dans le même parcours et de poursuivre sur ta lancée. La deuxième est d'opérer un virage, certes important, mais qui t'apportera une grande évolution. Il y a un risque à prendre.

Par expérience, les gens choisissent généralement la deuxième option ! Si c'est également ton cas, sache que cela peut être effrayant de se jeter dans l'inconnu. Mais je te vois pris·e dans une routine monotone, une frustration de ne pas avoir pu davantage développer ta carrière ou ta situation. Il est temps d'y remédier, non ? Ce message est là pour t'inciter à remplacer l'amertume par la volonté. La volonté de changer ton destin en reprenant les choses en main.

SOYONS DIRECT

Oui, il est temps !

POUR CONFIRMER CE MESSAGE :

LE NUMÉRO

3

LE SIGNE

La couleur grise

LIBÈRE-TOI D'UNE UNION NÉFASTE

Ce message est là pour t'inciter à te libérer d'une relation qui est devenue trop oppressante. Il faut mettre de la distance car la confiance entre vous est rompue. L'atmosphère est étouffante. Tu as fait tout ce qui était en ton pouvoir pour apporter une issue favorable. Malheureusement il faut te retirer afin de te retrouver toi-même.

Tu auras besoin de prendre un temps pour calmer ton esprit, retrouver de l'apaisement et redonner ta confiance dans une prochaine relation.

SOYONS DIRECT

Oui, tourne la page.

POUR CONFIRMER CE MESSAGE :

LE NUMÉRO

0

LE SIGNE

Une chaîne détachée

VOYAGE

SOIS PATIENT·E

Patience, patience. La concrétisation d'un accord, une signature de contrat… va bientôt se réaliser pour toi. Pour certain·es, il pourrait également s'agir d'une rencontre amoureuse ou bien de la résolution d'un conflit relationnel. Le meilleur est à venir à condition de ne pas précipiter les choses. Il faut laisser la situation évoluer naturellement. Tu n'as donc pas d'action à faire. Il te suffit de rester souple et ouvert·e d'esprit.

SOYONS DIRECT

Non, pas tout de suite, mais ça arrive !

POUR CONFIRMER CE MESSAGE :

LE NUMÉRO

72

LE SIGNE

Une plume d'écriture

LE MESSAGE DU NÉNUPHAR

Cette fleur adorée depuis des millénaires est un symbole fort en spiritualité. Elle indique une évolution religieuse ou spirituelle. C'est un long travail qui porte enfin ses fruits. Tu as travaillé sur toi avec patience et sagesse. À présent tu te sens plus ancré·e, confiant·e et serein·e. Tu sens que tu n'es pas seul·e, tu fais confiance à ton destin.

Si jamais tu n'as pas encore entamé ce processus, cette fleur est le signe que tu connaîtras bientôt un éveil spirituel.

SOYONS DIRECT

Oui, tu vas dans la bonne direction.

POUR CONFIRMER CE MESSAGE :

LE NUMÉRO

12

LE SIGNE

Un nénuphar

TRAHISON

LE MESSAGE ASTRO DE LA VIERGE

De l'organisation et de la méthode ! Voilà ce qui te fait actuellement défaut, mon ami·e !
Le signe de la Vierge se présente à toi pour te dire qu'aujourd'hui tu as besoin d'une structure sur laquelle t'appuyer. Fais appel à ton esprit logique par exemple, ou instaure une nouvelle routine.
Réfléchis avant de t'engager. Il n'y a pas d'impulsivité avec la Vierge, plutôt de la stratégie.
L'heure est donc venue de revoir tes objectifs, de créer des habitudes saines et de t'y tenir ! Courage !

SOYONS DIRECT

Oui, mais avec une stratégie !

POUR CONFIRMER CE MESSAGE :

LE NUMÉRO

44

LE SIGNE

Le signe astro de la Vierge

LE MESSAGE DE LA ROUE DE FORTUNE

Tu dois certainement le sentir, ce vent qui pousse la roue à tourner et ainsi à changer de cycle. Tout s'accélère. Tu es sollicité·e dans tous les sens. Et au fond c'est agréable, cette sensation que toutes les voies sont possibles, non ? La Roue de Fortune t'invite à étudier chaque opportunité qui se présentera à toi dans les prochains jours. Car oui, tu vas recevoir des invitations : une rencontre amoureuse, des propositions d'emploi… Libre à toi d'accepter ou non, mais ne refuse pas tout de suite.
Il faut explorer, ne pas s'arrêter à ses préjugés. Tu pourrais connaître de belles surprises.

SOYONS DIRECT

Oui, il faut se laisser porter !

POUR CONFIRMER CE MESSAGE :

LE NUMÉRO

8

LE SIGNE

Une roue

N'ABANDONNE
PAS

LE MESSAGE DU CERF

Cet animal majestueux vient à ta rencontre pour t'apporter le message suivant : tu as des qualités de chef·fe et tu seras amené·e à endosser un rôle de leader dans un futur proche. Tu en as les capacités, n'en doute pas.
Le cerf t'invite aussi à évoluer dans cette voie en restant loyal·e envers tes convictions et tes valeurs. Avance la tête haute.

SOYONS DIRECT

Oui, tu as la force nécessaire.

POUR CONFIRMER CE MESSAGE :

LE NUMÉRO

12

LE SIGNE

Un cerf

FAIS LE MÉNAGE

FAIS ENTENDRE
TA VOIX

ARRÊTE !

Stop, on arrête tout ! Depuis plusieurs semaines, tu avances avec force, détermination, mais aussi avec beaucoup de colère en toi. Tu t'infliges un rythme trop intense, et ta vision n'est plus la bonne. Tu es en train d'avancer à contre-courant. De t'épuiser à force d'insister pour progresser dans une voie qui n'est pas la tienne.
Il faut que tu baisses les armes et que tu prennes le temps de te demander pourquoi tu insistes, pour quelles raisons tu mènes ce combat.

SOYONS DIRECT

Non, c'est une impasse.

POUR CONFIRMER CE MESSAGE :

LE NUMÉRO

0

LE SIGNE

Le mot « stop »

LE MESSAGE DU DERNIER QUARTIER DE LUNE

Si ce message est arrivé jusqu'à toi, c'est qu'il est temps de pardonner. Que cela soit de te pardonner toi-même pour les actes passés ou bien d'accorder ton pardon à une autre personne. Il faut lâcher prise sur cette rancune. Ce sentiment tourne en rond depuis bien longtemps dans ton esprit et n'a plus d'utilité. Un nouveau chapitre t'attend, mais pour commencer à l'écrire il te faudra faire de la place dans ton cœur. Cicatriser pour aimer à nouveau.
Te sens-tu prêt·e à pardonner ?

SOYONS DIRECT

Oui il est temps de passer à autre chose.

POUR CONFIRMER CE MESSAGE :

LE NUMÉRO

13

LE SIGNE

Une lune

PLONGEON
DANS
L'INCONNU

PASSE AU PLAN B

C'est un message qui va te parler d'amour. Et il est simple : ça ne fonctionnera pas ainsi. Il y a quelque chose qui doit changer car tu sembles tourner en rond depuis un moment. Cela peut être ton approche, ta méthode ou bien ta vision. Le plan A n'a pas marché ? Il est temps de passer au plan B. Essayons autre chose.
Le plus important est que ton cœur soit aligné avec ton cerveau. L'un ne doit pas prendre le dessus sur l'autre.

SOYONS DIRECT

Non, pas comme ça.

POUR CONFIRMER CE MESSAGE :

LE NUMÉRO
67

LE SIGNE
Cupidon

C'EST LE MOMENT DE TE LIBÉRER

IMPASSE

LE MESSAGE ASTRO DU SAGITTAIRE

Qu'est-ce qui te fait vibrer ? Quelle relation ou quel projet vient allumer une flamme étincelante en toi ? Le Sagittaire te souffle de te lancer dans des aventures enthousiasmantes qui vont t'apporter une élévation.

C'est en accordant davantage de temps à tes projets de cœur et tes passions que tu retrouveras une sensation de liberté et d'expansion.

Le Sagittaire t'invite également à ne pas te perdre dans les détails et à te fier à ton instinct.

SOYONS DIRECT

Oui, allons-y !

POUR CONFIRMER CE MESSAGE :

LE NUMÉRO

9

LE SIGNE

Un arc ou une flèche

UN PAS APRÈS L'AUTRE…

PATIENCE

LE MESSAGE DU SOLEIL

Tu rayonnes. C'est cette lumière que tu dégages qui fait ton charisme. Ton aura brille de mille feux, tu es sûr·e de toi et tu renvoies une image de confiance et de maturité à ton entourage. Pourquoi ne pas profiter de cette énergie débordante pour la propager à tes proches qui broient du noir ?
Cette carte du Soleil est aussi là pour t'inciter à profiter davantage de la vie en ralentissant ton rythme et en prenant conscience du monde qui t'entoure. C'est une belle période pour faire des projets, rêver. La vie est belle, il faut se réjouir de chaque petit bonheur.

SOYONS DIRECT

Oui c'est une belle période !

POUR CONFIRMER CE MESSAGE :

LE NUMÉRO

10

LE SIGNE

Un soleil

FAIS UNE MISE AU POINT

Depuis quelque temps, tu sens que la situation t'échappe. Cela ne devait pas se passer ainsi. L'accord que tu avais signé, la promesse qui a été faite, ne correspond pas à la réalité. Tu te retrouves dans une position délicate où tu dois faire des concessions importantes. Un sentiment d'injustice commence à faire surface.
Le message pour toi est clair : tu dois agir selon tes valeurs. Si l'accord ne te convient pas, il ne tient qu'à toi d'y mettre un terme ou bien de renégocier. Mais surtout ne reste pas muet·te en attendant des jours meilleurs.

SOYONS DIRECT

Non, il faut faire une mise au point.

POUR CONFIRMER CE MESSAGE :

LE NUMÉRO

55

LE SIGNE

Une plume noire

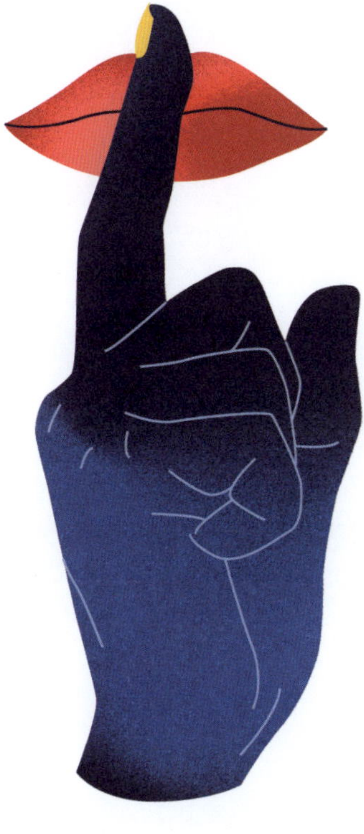

SILENCE

LAISSE VENIR LES CHOSES À TOI

LE MESSAGE DE LA PAPESSE

Que la Papesse se présente sur ta route est le signe que tu dois prendre ton temps. Tu es en train de faire éclore un projet, une idée. Imagine-toi en train de planter des graines. Il ne faut pas brusquer la pousse mais l'accompagner.
La Papesse t'encourage donc à éveiller ton esprit, en étudiant, en étant à l'écoute de tes intuitions, des cycles de ton corps et de la nature. C'est un travail intérieur puissant et une promesse : faire jaillir les forces cachées en toi.

SOYONS DIRECT

Non, il faut étudier la situation davantage.

POUR CONFIRMER CE MESSAGE :

LE NUMÉRO

2

LE SIGNE

Une demi-lune

ESSAIE À NOUVEAU

LE MESSAGE ASTRO DU CAPRICORNE

Si le Capricorne vient à ta rencontre, c'est le signe que tu dois revenir à un projet plus concret. Tu as besoin de t'investir dans une situation rassurante, que tu maîtrises. Tu dois faire attention à ne pas t'éparpiller dans plusieurs pistes ni t'investir dans un projet trop hasardeux. Le Capricorne cible ses objectifs et avance sur sa voie avec assurance et détermination. Ses objectifs sont clairs et il se donne les moyens de réussir. Ses progrès sont lents mais visibles. Il faut donc revoir tes projets.

SOYONS DIRECT

Non, ta stratégie n'est pas assez solide

POUR CONFIRMER CE MESSAGE :

LE NUMÉRO

10

LE SIGNE

Le signe du Capricorne

LE MESSAGE DE LA LABRADORITE

La pierre labradorite vient t'apporter le signe qu'il est temps de te protéger. Il y a dans ta vie des sources de stress qui épuisent considérablement ton énergie. Est-ce que ça t'évoque une personne ou une situation en particulier ? Mon ami·e, tu dois imaginer un bouclier, une bulle de lumière qui t'entoure et vient te protéger des attaques du monde extérieur. Il est aussi important pour toi de lister tout ce qui occasionne du stress dans ta vie, d'y mettre des limites et de favoriser des activités qui t'apaisent. De cultiver la douceur et ne plus nourrir l'angoisse.

SOYONS DIRECT

Non, il faut retrouver ton équilibre avant.

POUR CONFIRMER CE MESSAGE :

LE NUMÉRO

0

LE SIGNE

Une labradorite
(une pierre aux nuances de bleu)

FAIS DE TES BLESSURES UNE FORCE

AVANCE AVEC FIERTÉ

Sois fier·e de toi et de ton parcours ! Si ce message est venu à ta rencontre, c'est le signe que tu dois rester authentique dans tes choix. N'investis pas ton énergie dans des situations qui ne te correspondent pas. Tu es dans une période où tu dois affirmer ta personnalité et tes idées, montrer qui tu es.
Avance la tête haute et ne laisse personne te faire douter de tes choix ou de ta valeur.

SOYONS DIRECT

Oui, il est temps de montrer qui tu es.

POUR CONFIRMER CE MESSAGE :

LE NUMÉRO

11

LE SIGNE

Une étoile

INTROSPECTION

TON ÉNERGIE EST PRÉCIEUSE

FAIS CONFIANCE À L'ÉVIDENCE

Il y a une petite étincelle qui commence à réchauffer ton cœur. Tu entrevois une possibilité, une promesse qui te rend plus léger·e. Est-ce une nouvelle rencontre ou bien des sentiments anciens qui ressurgissent ? Laisse de côté tes peurs pour t'engager pleinement dans cette histoire. C'est une évidence.
Ce message t'encourage à explorer cette flamme naissante qui promet d'être une aventure enrichissante.

SOYONS DIRECT

C'est un grand oui !

POUR CONFIRMER CE MESSAGE :

LE NUMÉRO

22

LE SIGNE

Une flamme

LE MESSAGE DE JUPITER

La chance est de ton côté ! Tu es dans une magnifique période où tout te semble possible. C'est fluide, simple. Tes efforts sont récompensés, et si par hasard tu rencontres une petite turbulence sur ta route, mobilise ton optimisme pour la traverser sans difficulté. Jupiter, qui est la planète de la prospérité, t'accompagne dans cette expansion. C'est le moment d'en profiter pour réaliser tes souhaits et améliorer tes finances. Que vas-tu faire de toute cette chance ?

SOYONS DIRECT

Oui c'est le moment idéal !

POUR CONFIRMER CE MESSAGE :

LE NUMÉRO

5

LE SIGNE

La planète ou le symbole ♃

GÉNÉROSITÉ

LE MESSAGE DE L'ARCANE DU JUGEMENT

Alors oui, pour l'instant tu stagnes. Difficile d'être optimiste quand on est dans un cycle négatif !
Le Jugement est le signe que tu vas bientôt sortir de cette impasse. La lumière au bout du tunnel se rapproche, mais retiens surtout que ce fameux changement de cycle survient de manière inattendue. Est-ce une personne qui t'accorde son aide, un déclic intérieur... ? Cela produira un effet papillon positif. Alors, accueille l'imprévu dans ta vie en étant ouvert·e aux opportunités.

SOYONS DIRECT

Non, il faut attendre un cycle plus favorable.

POUR CONFIRMER CE MESSAGE :

LE NUMÉRO

20

LE SIGNE

Un ange

TON FUTUR
DÉPEND DE
MAINTENANT

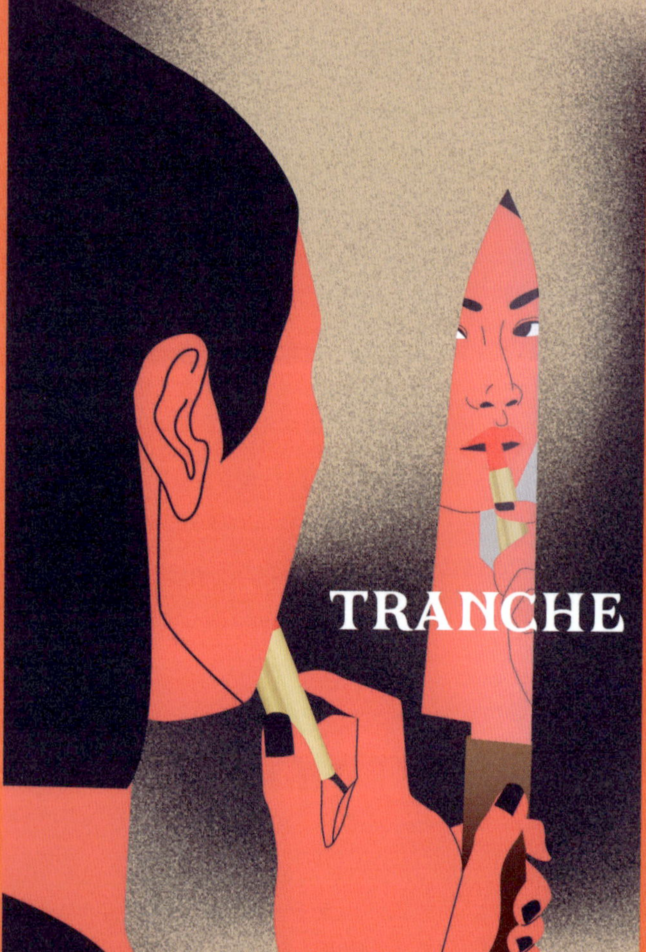
TRANCHE

LE MESSAGE DU FOU

Mon ami·e, il est temps de te jeter à l'eau pour enfin tenter ta chance ! Tu as suffisamment pesé le pour et le contre. Alors oui, ce projet a l'air dingue et risqué (ce n'est pas pour rien que la carte du Fou s'appelle ainsi ! Mais ce n'est qu'une impression, car si l'idée semble irréaliste d'un point de vue extérieur, elle est au contraire très réfléchie). Tu ne te lances donc pas totalement à l'aveugle. Rien ne te retient, tout est à construire. Le conseil du Fou est de te jeter à l'eau même si tu n'as pas beaucoup d'expérience ou de finances. Tu perfectionneras les détails au fur et à mesure de ton parcours. Suis ton instinct et fonce !

SOYONS DIRECT

Oui, lance-toi !

POUR CONFIRMER CE MESSAGE :

LE NUMÉRO

0

LE SIGNE

Une valise

LE MESSAGE DE LA CORNALINE

Le cycle positif que tu attendais tant arrive enfin ! Tu retrouves un état d'esprit plus léger, optimiste et créatif. Le message de la cornaline est que tu es en train de remonter la pente. Elle t'encourage à aimer la vie mais aussi à développer ta créativité. Peut-être que tu pourrais écrire tes sentiments, en faire un dessin ou exprimer tes émotions par la danse ? La vie est belle et tu te sens plus fort·e que jamais, le pire est passé.

SOYONS DIRECT

Oui, tu retrouves ton élan !

POUR CONFIRMER CE MESSAGE :

LE NUMÉRO

110

LE SIGNE

Une cornaline (pierre orange)

NE TE PRENDS PAS TROP LA TÊTE

INNOCENCE

TU MÉRITES LE MEILLEUR

Tu as fait tes preuves, maintenant il te faut les résultats concrets produits par tes efforts ! Tu es sérieux·se et tu t'es pleinement investi·e dans ce projet. As-tu la sensation d'être récompensé·e à ta juste valeur, que ce soit en termes d'argent, d'attention, d'amour, de reconnaissance... ? Ce message est là pour te rassurer car tu as fait du bon travail. Tu es une belle personne, quelqu'un de méritant.
Mais ce message t'invite également à envisager d'autres options car si tu n'es pas satisfait·e ici, tu pourrais l'être ailleurs.

SOYONS DIRECT

Oui, il est temps de passer à autre chose !

POUR CONFIRMER CE MESSAGE :

LE NUMÉRO
51

LE SIGNE
Une pièce

POURQUOI EST-CE QUE TU ÉCHOUERAIS ?

NOTE TES VICTOIRES

Ce message est sur ta route pour t'encourager à poursuivre tes efforts ! Il ne faut rien lâcher car tu es en pleine progression. Tu as du mal à réaliser ton évolution car tu es trop absorbé·e par ta routine pour l'instant. Prends un temps pour admirer ton parcours. Depuis le jour 1, regarde tout le chemin que tu as fait !
Un petit conseil pour poursuivre ta route : accorde-toi plus de souplesse car tu es trop dur·e envers toi-même.

SOYONS DIRECT

Oui, il ne faut rien lâcher !

POUR CONFIRMER CE MESSAGE :

LE NUMÉRO

74

LE SIGNE

Une échelle

LE MESSAGE DE PLUTON

Tu es dans un cycle de mort et de renaissance. Ressens-tu cette énergie de clôture et d'ouverture ? Une page doit se tourner. Même si la fin de ce chapitre peut te sembler brutale, elle est nécessaire et inévitable. Pluton apporte dans son sillage une profonde transformation, une évolution qui te procure un sentiment de force, en mode « J'ai traversé cette épreuve, j'en ressors plus fort·e que jamais. » N'aie pas peur de détruire pour reconstruire.

SOYONS DIRECT

Non, pas comme ça.

POUR CONFIRMER CE MESSAGE :

LE NUMÉRO

5

LE SIGNE

Pluton ou le symbole ♇

RETROUVE TA LIBERTÉ

TU AS BESOIN DE NOUVEAUTÉ

Pour toi le message est clair : tu tournes en rond comme un·e lion·ne en cage, il te faut de nouvelles aventures !

Ton esprit a besoin de s'ouvrir à de nouveaux savoirs. Retrouver cette stimulation euphorisante, tu sais, quand un projet te passionne et que tu souhaites y dédier tout ton temps ? Voilà, c'est ce ressenti qu'il te faut dans ton quotidien. C'est le moment de ressortir ta bucket list et de partir à l'aventure.

SOYONS DIRECT

Oui, il te faut du changement.

POUR CONFIRMER CE MESSAGE :

LE NUMÉRO

16

LE SIGNE

Une ampoule qui clignote

MIEUX VAUT FAIT
QUE PARFAIT !

SOLITUDE

LE MESSAGE DE L'APATITE BLEUE

Tu portes dans ton cœur des sentiments lourds qui pèsent sur ton moral. Pour te soulager, tu dois libérer ta parole et communiquer tes ressentis. Que cela soit par l'écrit ou à l'oral, avec une personne de confiance ou un·e professionnel·le, tu as besoin de quelqu'un qui puisse t'accompagner dans ce parcours. Le moment est idéal pour revenir sur ton passé de façon apaisée et faire un grand nettoyage. Tu sauras trouver les mots justes.

SOYONS DIRECT

Oui, il faut vider ton sac.

POUR CONFIRMER CE MESSAGE :

LE NUMÉRO

73

LE SIGNE

Une apatite bleue

LE MESSAGE DE LA NOUVELLE LUNE

La nouvelle lune est le moment idéal pour poser ses intentions. Pour te donner une image, c'est un peu comme planter des graines. C'est l'étape 1.
Ce message est donc ici pour t'inviter à poser clairement tes objectifs pour la suite. Dans quel projet souhaites-tu investir ton énergie et ton temps ?
Pour t'aider, tu peux réaliser un travail de visualisation. Tous les soirs en t'endormant, imagine-toi avec ce projet concrétisé, ressens la joie que cela te procure.

SOYONS DIRECT

Oui, il faut y croire !

POUR CONFIRMER CE MESSAGE :

LE NUMÉRO

1

LE SIGNE

Une lune

TU AS AIMÉ,
TU AIMES
ET TU AIMERAS
À NOUVEAU

PURIFICATION

CHOISIS UNE NOUVELLE DESTINATION

Ton chemin est ailleurs mon ami·e, tu n'es plus au bon endroit. Peut-être as-tu ressenti une certaine forme de stérilité ces derniers temps ? Il n'y a plus rien dans cette situation pour toi, la page doit se tourner et tu vas avancer. Il peut y avoir un déménagement ou bien une reconversion dans l'air ! Toutes les options sont ouvertes, c'est à toi de choisir la suite de ton parcours. Tu seras encore indécis·e pendant quelque temps. Prends ton temps pour trancher, rien ne presse.

SOYONS DIRECT

Non, ce n'est pas la bonne voie pour toi.

POUR CONFIRMER CE MESSAGE :

LE NUMÉRO

2

LE SIGNE

Un globe terrestre

ENSEMBLE ON EST PLUS FORTS

RETROUVE L'APAISEMENT

Tu t'éparpilles ! Ton quotidien est trop rapide, tu cours dans tous les sens. Ce rythme est bien trop épuisant pour toi et rien de constructif n'en ressort vraiment. Tu es au bord du craquage. Alors, étape 1 : on stoppe tout pour se recentrer sur ses priorités. Étape 2 : on essaye de mener la vie la plus saine possible. Basta les excès de caféine ou les nuits raccourcies. Il faut retrouver un rythme qui te correspond. Courage, ces changements sont indispensables pour ton bien-être.

SOYONS DIRECT

Non, il faut se recentrer.
Tu as perdu le contrôle de la situation.

POUR CONFIRMER CE MESSAGE :

LE NUMÉRO
8

LE SIGNE
Une goutte d'eau

LE MESSAGE DE VÉNUS

Tu sens en toi un besoin de te reconnecter à tes émotions et d'accorder plus de place à l'amour et à la sensualité. Que tu sois en couple ou célibataire, ta vie sentimentale sera donc mise en avant durant les prochaines semaines. L'envie de séduire, de te sentir aligné·e avec ton corps et d'exprimer ta créativité sera très présente. Il est temps de ralentir ton rythme et de profiter des plaisirs simples de la vie. Tu peux également mener une réflexion sur la place que tu accordes à l'amour et à l'engagement dans ta vie.

SOYONS DIRECT

Oui, c'est une période douce pour mener des projets d'amour.

POUR CONFIRMER CE MESSAGE :

LE NUMÉRO

2

LE SIGNE

Vénus ou le symbole ♀

ÉVOLUTION

LE MESSAGE DE L'ARCANE DE LA MORT

Pas de panique, la Mort n'est pas une carte négative. Cet arcane te pousse à faire un très grand ménage dans ta vie afin de te libérer de ce qui ne te convient plus : il ne faut pas avoir peur de l'affronter et de le supprimer de ta vie. C'est en faisant ce tri que tu pourras te soulager d'un poids qui t'étouffe. Tu te sépares de ce qui te retient d'être heureux·se, tu apportes d'importants changements à ta vie. Il est temps de passer à autre chose. Avec la Mort, tu te remets sur le droit chemin, en pleine conscience.

SOYONS DIRECT

Next, il faut faire le tri.

POUR CONFIRMER CE MESSAGE :

LE NUMÉRO

13

LE SIGNE

Un crâne

LE MESSAGE DU PREMIER QUARTIER DE LUNE

Tout est clair dans ton esprit, tu sais ce que tu veux, tu sais ce que tu vaux. Tu as fait ton bilan, tes intentions sont posées. À présent, il est temps de se préparer à passer à l'action : planifie, fais du tri, fais de la place dans ta vie, investis, reprends le sport. C'est un peu comme la phase d'entraînement avant un marathon ! Plus tu seras préparé·e, plus tu auras de chances de réussir.

SOYONS DIRECT

Oui, il faut s'y mettre !

POUR CONFIRMER CE MESSAGE :

LE NUMÉRO

11

LE SIGNE

Une flamme

CAUCHEMAR

PATIENTE ENCORE UN PEU

Tu n'es pas encore totalement prêt·e ! Si tu veux réussir, il va falloir consolider ta base. Cela peut être en économisant, en étudiant, en peaufinant ton business plan, en te préparant mentalement, en faisant un travail intérieur ou bien en te reposant physiquement. Le timing n'est pas encore idéal pour te lancer dans cette aventure. Encore un peu de patience et d'effort, la roue va vite tourner en ta faveur.

SOYONS DIRECT

Non, il te faut encore un peu de préparation.

POUR CONFIRMER CE MESSAGE :

LE NUMÉRO

77

LE SIGNE

Une horloge

LE MESSAGE DE L'ARCANE DE L'EMPEREUR

Tu es dans un moment de vie où tu aspires à trouver plus de stabilité et à prouver ta maturité. Cette carte vient t'apporter le message que le projet que tu as en tête demande de la patience et de la stratégie. Après tout, le job de l'Empereur est d'agrandir son empire, et pour cela il faut du temps, de la logistique, et écouter des conseils avisés. Petit à petit, étape par étape, avance doucement mais sûrement, avec sagesse, sans précipitation et en étant conscient·e du monde extérieur : voilà les clés de ton succès.

SOYONS DIRECT

Oui, cependant il faudra avancer doucement mais sûrement.

POUR CONFIRMER CE MESSAGE :

LE NUMÉRO

4

LE SIGNE

Une couronne

OFFRE-TOI
DU TEMPS
ET DE LA
DOUCEUR

GUÉRIS TON COEUR

Il y a dans ton cœur des sentiments contradictoires. Tu éprouves une envie de t'engager, de trouver ta place dans un couple, une famille ou un groupe, mais en même temps il y a en toi une profonde colère qui t'empêche de tisser des liens intimes. Ce sentiment d'injustice n'a plus sa place, il te faut apaiser ta vision de l'amour. Ne pas y voir seulement de la vulnérabilité mais surtout une force. Exprime tes sentiments et guéris ton cœur pour aimer pleinement à nouveau.

SOYONS DIRECT

Oui, il est temps de panser tes blessures.

POUR CONFIRMER CE MESSAGE :

LE NUMÉRO

22

LE SIGNE

Un cœur

SURPRISE

DÉCLARE TA FLAMME

FAIS UN PAS VERS L'AUTRE

Une relation avec une ou plusieurs personnes te pèse actuellement. Vous êtes chacun·e dans votre vision, têtu·es, ne parlant plus le même langage. Ce message est là pour te dire qu'il ne faut pas fuir cette relation mais tenter une dernière fois de la sauver. Comment ? Grâce à ton esprit diplomate ! En faisant le premier pas, en écoutant, en essayant de trouver des solutions.

Cependant, si tu es seul·e à faire ces efforts et à chercher des solutions, tu pourras alors tourner la page sans regret.

SOYONS DIRECT

Oui, il faut tenter une dernière fois.

POUR CONFIRMER CE MESSAGE :

LE NUMÉRO

91

LE SIGNE

Une branche d'olivier

ENGAGE-TOI

Ce message t'apporte une merveilleuse nouvelle ! Tu vas bientôt signer un engagement qui s'annonce stimulant. Il peut s'agir d'un contrat professionnel, d'un mariage ou bien d'un projet que tu lances. Le conseil est de te laisser guider par ta passion. Si cela fait sens pour toi, alors peu importe les difficultés. Ce n'est pas un contretemps qui va te déstabiliser ! Cet engagement marque un tout nouveau cycle dans lequel tu pourras t'épanouir et te révéler.

SOYONS DIRECT

Oui, tu es sur la bonne voie.

POUR CONFIRMER CE MESSAGE :

LE NUMÉRO

4

LE SIGNE

Un cheval

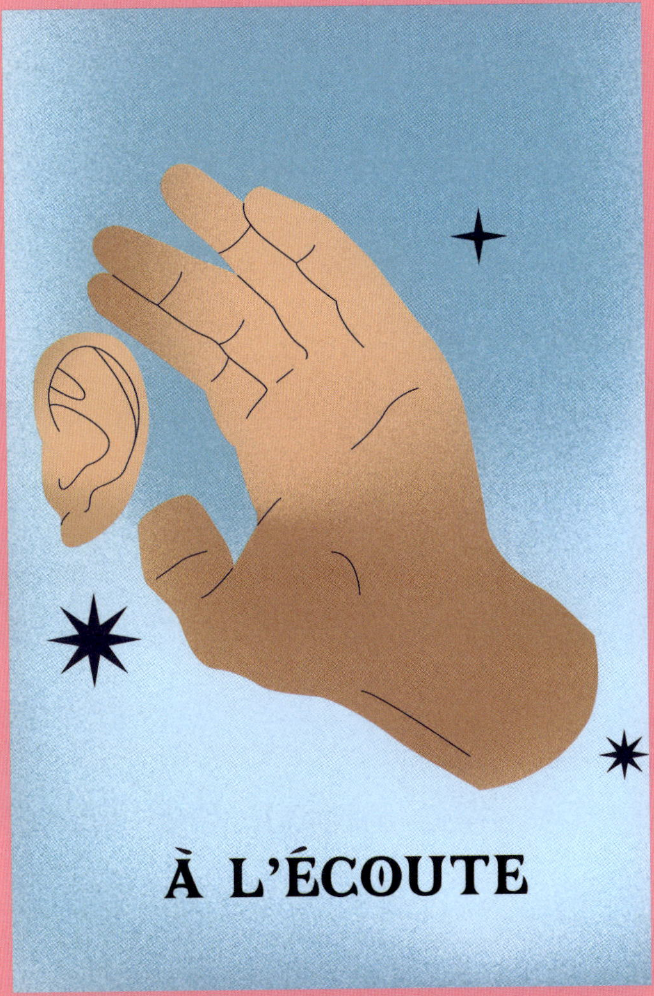
À L'ÉCOUTE

POUR ÉVOLUER
NE RÉPÈTE PLUS
LES MÊMES
ERREURS

LE MESSAGE ASTRO DE LA BALANCE

Si cette page est venue à ta rencontre, c'est que tu ne dois pas te précipiter dans tes décisions ! La Balance est un signe que l'on dit indécis, en réalité il est plutôt question, avec lui, de prendre le temps de peser le pour et le contre afin de faire un choix en pleine conscience. La Balance penchera toujours du côté de la justice, de ce qui correspond à des valeurs morales d'équilibre et de paix. Alors mon ami·e, à toi qui fais face à une décision difficile, je pose une question : quelle est l'option qui te semble la plus juste ?

SOYONS DIRECT

Oui ou non. Qu'est-ce qui te semble le plus juste ?

POUR CONFIRMER CE MESSAGE :

LE NUMÉRO

7

LE SIGNE

Une balance

LE MESSAGE DU CRISTAL DE ROCHE

Tu sais précisément ce que tu dois faire. Tout te semble clair car tu as une vision précise et objective de ta situation, tu arrives à ne pas prendre les choses de façon trop personnelle. Ce combo te permet d'avancer avec confiance et logique.
Si tu sens ton cœur hésiter, alors je t'invite à faire une courte méditation. Apaise ton esprit et ensuite écoute ce qu'il a à te dire. Tu as déjà toutes les réponses en toi.

SOYONS DIRECT

Oui, car tu vois clairement la situation.

POUR CONFIRMER CE MESSAGE :

LE NUMÉRO

11

LE SIGNE

Un cristal de roche

FAIS LA
PAIX

LE MESSAGE DE L'ARCANE DE L'IMPÉRATRICE

L'Impératrice t'invite à reprendre ta vie en main. Il est temps de secouer cette routine bien trop installée et beaucoup trop monotone à ton goût ! Comment ? En sortant de ta zone de confort et en écoutant les envies de ton corps. Pourquoi ne pas essayer un cours de danse, faire du sport, ou essayer une activité artistique ? Avec l'Impératrice il faut être en mouvement, laisser sa créativité s'exprimer. Tout cela peut être un peu brouillon et partir dans tous les sens, mais c'est vivant.
Alors, qu'est-ce qui te rend vivant·e ? Qu'est-ce qui te fait vibrer ? Il est temps de célébrer la vie.

SOYONS DIRECT

Oui, il faut secouer tout ça !

POUR CONFIRMER CE MESSAGE :

LE NUMÉRO

4

LE SIGNE

Une couronne

QU'EST-CE QUE TU ATTENDS ?

SAVOURE
LA VIE

LE MESSAGE ASTRO DE MERCURE RÉTROGRADE

Tu es dans une période où tu as besoin d'être dans ta bulle, loin du monde extérieur, afin de développer ta vie intérieure. Tu peux avoir la sensation d'avoir du mal à communiquer avec ton entourage, de ne pas te sentir comprise. Je te rassure, tout cela est passager. Pour l'instant tu fais éclore tes idées : tu réfléchis, tu essayes. Il est important de garder tout cela pour toi, tu montreras au monde tes projets plus tard, quand ils seront plus aboutis. Remplis d'idées les pages de ton carnet, et garnis tes étagères de livres inspirants !

SOYONS DIRECT

Non, pas tout de suite, il faut faire mûrir ta réflexion.

POUR CONFIRMER CE MESSAGE :

LE NUMÉRO

7

LE SIGNE

Mercure ou le symbole ☿

CE N'EST PAS
LE MOMENT
DE DOUTER !

TOURNE LA PAGE DU PASSÉ

Si tu tombes sur ce message, cela indique que tu dois prendre de la distance avec ton passé. Il ne définit pas la personne que tu es ici et maintenant. Ces sentiments de tristesse et d'injustice qui t'ont accompagné·e pendant si longtemps t'empêchent de te sentir heureux·se. Il est grand temps d'apprendre les leçons de cette expérience, de tirer un trait et de faire ton deuil. Rester dans ce chapitre n'est plus utile, un autre attend d'être vécu, il n'y a plus de temps à perdre.

SOYONS DIRECT

Oui, il est temps de tourner la page.

POUR CONFIRMER CE MESSAGE :

LE NUMÉRO

23

LE SIGNE

Le bruit du vent

OFFRE-TOI DU TEMPS POUR TOI

Cher·e ami·e, je pense que tu ne te rends pas compte que tu es obnubilé·e par ton travail ces derniers temps ! À quand remonte la dernière fois que tu as pris du temps pour toi ? Ne serait-ce qu'une soirée pour profiter de la vie ? J'ai de toi l'image d'une personne qui ne pense qu'à sa to do list et à son agenda pro. Alors oui, au niveau professionnel tu obtiens de bons résultats et tu prouves ta valeur. Mais qu'en est-il de ta vie personnelle ? Ne néglige pas l'amour, l'amusement, la famille. Il ne faut pas passer à côté de ta vie.

SOYONS DIRECT

Non, prends du temps pour toi avant !

POUR CONFIRMER CE MESSAGE :

LE NUMÉRO

6

LE SIGNE

Un palmier

PATIENCE

CETTE SITUATION EST TEMPORAIRE

LE MESSAGE DE LA SÉLÉNITE

Stop, il est temps de faire un break. Ton rythme est très intense, si intense que ton esprit s'embrouille. Tu ne vois plus clairement ta situation et tu n'entends plus ta petite voix intérieure te guider. Il faut donc ralentir la cadence afin de permettre à ton esprit de se reposer et d'être moins impulsif. La sélénite apporte cet apaisement nécessaire pour retrouver ton socle, te sentir à nouveau aligné·e. Respire, rien ne presse, le monde peut attendre.

SOYONS DIRECT

Non pas maintenant, la priorité c'est toi !

POUR CONFIRMER CE MESSAGE :

LE NUMÉRO

4

LE SIGNE

Une sélénite
(une pierre blanche)

LE MESSAGE DE L'ARCANE DU MAGICIEN

Carte numéro 1 dans le tarot, elle représente une action qui débute. Es-tu toi aussi au commencement d'un projet ? Ou bien as-tu une idée qui te tient à cœur ? Le conseil du Magicien est de prêter une attention particulière à ta communication et à ta façon de te présenter. Tu vas devoir prendre la parole et te mettre en avant, quelle image souhaites-tu renvoyer à ton public ? Ce projet te pousse à prendre ta place dans la lumière. Tout est possible si tu t'en donnes les moyens.

SOYONS DIRECT

Oui, c'est le moment de prendre ta place.

POUR CONFIRMER CE MESSAGE :

LE NUMÉRO

1

LE SIGNE

Une baguette magique

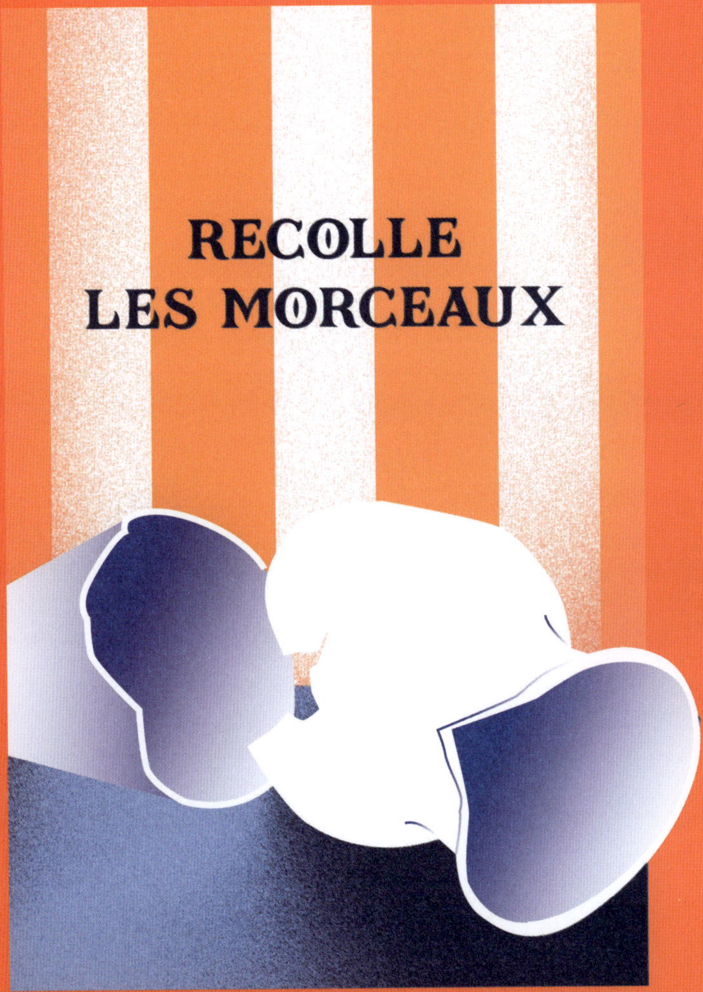
RECOLLE
LES MORCEAUX

LE MESSAGE DU BÉGONIA

Cette fleur représente l'union, la communication et la sincérité. Si elle croise ton chemin aujourd'hui, c'est le signe que tu ne dois pas rester seul·e. Sois entouré·e de personnes de confiance qui t'épaulent, te soutiennent et t'aiment. Ta tribu de cœur. Tu as besoin de te sentir accompagné·e, écouté·e. Rien ne t'oblige à tout affronter par toi-même, demande de l'aide. Tu ne le regretteras pas !

SOYONS DIRECT

Non, pas tout·e seul·e.

POUR CONFIRMER CE MESSAGE :

LE NUMÉRO

24

LE SIGNE

Un bégonia

IL N'EST PAS TROP TARD

VOEU EXAUCÉ

ÉCONOMISE

Aïe, il va y avoir des complications au niveau financier ou bien dans la signature d'un contrat. Ça ne se passe pas comme prévu. Soit il sera question d'un retard, soit de sommes moins importantes que prévu. On te demande d'avoir de la patience et de bien négocier jusqu'à trouver un terrain d'entente.
En attendant des jours plus favorables, économise et resserre un peu ton budget. Tous tes efforts seront récompensés.

SOYONS DIRECT

Non, encore un peu de négociations et de patience.

POUR CONFIRMER CE MESSAGE :

LE NUMÉRO

7

LE SIGNE

Une pièce de monnaie

NE PERDS PAS ESPOIR

TU PEUX TE LIER À UNE PERSONNE

Avec cette page qui se présente à toi, il est question d'un projet de vie à deux. Les cartes évoquent un projet en duo (couple, amis ou associés), l'envie de tenter une aventure à deux qui va vous mener dans une toute nouvelle direction. Est-ce le bon moment ? Cela va-t-il fonctionner ? Ce projet a du potentiel, cependant il faudra veiller à partager la même vision, à travailler en équipe et à sécuriser l'aspect financier. Un dernier petit conseil pour la route : sois flexible ! Après tout, quand on part à l'aventure, il faut savoir s'adapter pour surmonter toutes les épreuves qui se présentent.

SOYONS DIRECT

Non, pas tout de suite. Mais bientôt !

POUR CONFIRMER CE MESSAGE :

LE NUMÉRO

2

LE SIGNE

Deux oiseaux ensemble

EXPÉRIMENTE

Tu es dans un moment de vie où toutes les options sont possibles. Tu n'as rien à perdre, ce qui te laisse une grande liberté d'action. Cependant j'ai la sensation que tu n'as pas vraiment de projet bien défini, c'est flou. Tu te cherches encore, et tu possèdes certainement une personnalité à facettes.
Le conseil de ce message : teste différentes options. Rends-toi sur le terrain pour te faire ta propre opinion et constater ce qui te convient le mieux. Je sais que tu trouveras ta voie, ça ne fait aucun doute.

SOYONS DIRECT

Oui, il faut tester.

POUR CONFIRMER CE MESSAGE :

LE NUMÉRO

38

LE SIGNE

Une boussole

CONFLIT

LE MESSAGE DU QUARTZ FUMÉ

Tu as traversé le plus dur. Voilà le message que t'apporte le quartz fumé. Sois fier·e de toi, car l'épreuve que tu viens de traverser a renforcé ton caractère. Tu as maintenant cette conviction que tu es bien plus fort·e que ce que tu imaginais.
Maintenant que le combat est mené, il faut que tu te reposes et que tu te retrouves en reprenant contact avec toi-même, en revenant dans l'instant présent et en prenant soin de ton corps. Ton esprit va devenir de plus en plus optimiste. La vie est belle. Bravo pour ton courage !

SOYONS DIRECT

Oui, le plus dur est passé.

POUR CONFIRMER CE MESSAGE :

LE NUMÉRO

0

LE SIGNE

Un quartz fumé
(une pierre fumée)

UN NOUVEAU CHAPITRE S'ÉCRIT POUR TOI

ASSOCIATION

LE MESSAGE DE L'ARCANE DU DIABLE

Quand on regarde le personnage du Diable, on se rend compte que c'est un être intelligent, charismatique, un passionné que rien n'arrête. Il n'a pas de limites. Nous, les humains, en avons : le temps, l'argent, l'énergie. L'arcane du Diable symbolise le fait de se lancer avec passion dans un projet mais d'en oublier ses propres limites. Ça résonne avec ta situation ou ta relation ? Car si le Diable se présente à toi, c'est que tu dois poser un cadre. Être passionné·e, c'est bien, mais en mettant ses limites, c'est beaucoup mieux !

SOYONS DIRECT

Non, pas comme ça !

POUR CONFIRMER CE MESSAGE :

LE NUMÉRO

15

LE SIGNE

Un diable

TA BONNE ÉTOILE

BRILLE AU-DESSUS DE TOI

LE MESSAGE DE LA LUNE GIBBEUSE DÉCROISSANTE

Cette phase de la lune t'invite à faire un bilan sur le dernier mois écoulé. À prendre un temps pour faire un travail de gratitude. De quoi es-tu fier·e sur cette période ?
Il est bon parfois de ralentir sa course pour constater tout le chemin parcouru. De se rendre compte des efforts mais aussi des victoires, de contempler son existence avec fierté. Tu as de quoi être heureux·se ici et maintenant. Tu n'éprouves pas ce sentiment ? Si c'est le cas, qu'est-ce qui te rendrait satisfait·e de ta vie ? Essaye de le préciser.

SOYONS DIRECT

Oui, c'est un temps calme pour réfléchir à la suite.

POUR CONFIRMER CE MESSAGE :

LE NUMÉRO

9

LE SIGNE

Une lune

CRÉE TON PROPRE CHEMIN

Pour toi il est question d'héritage. Qu'il soit matériel ou bien symbolique, il ne tient qu'à toi de le faire évoluer. Ne te sens pas obligé·e de poursuivre une tradition, un modèle, par obligation morale. Il n'y a rien de pire que « C'est comme ça et pas autrement ».
Tu es l'élément qui vient remettre en question ce schéma. Ce message est là tout simplement pour te dire de créer ton propre chemin et de trouver ta façon de faire. Sois libre de tes choix.

SOYONS DIRECT

Non, pas comme ça, tu vas trouver ton propre chemin.

POUR CONFIRMER CE MESSAGE :

LE NUMÉRO

13

LE SIGNE

Une étoile

ATTENTION

TU AS L'INTELLIGENCE, LES CAPACITÉS, LA MATURITÉ,

FAIS-TOI CONFIANCE

REFERME CE CHAPITRE !

Il faut reconnaître quand une situation arrive à la fin. Tu es allé·e au bout des choses, tu as donné tout ce que tu avais. À présent tu es comme bloqué·e dans une impasse, alors qu'il y a une autre voie pour toi. Cette dernière t'apportera plus de satisfaction. Tu te sentiras à ta place. Il ne faut pas voir un échec. C'est tout simplement un cycle qui doit se terminer pour laisser place à un autre. Alors, accepte que la page se tourne pour cette histoire et qu'une autre commence à s'écrire maintenant.

SOYONS DIRECT

Non, ce n'est plus le bon chemin pour toi.

POUR CONFIRMER CE MESSAGE :

LE NUMÉRO

99

LE SIGNE

Une rose noire

LE MESSAGE ASTRO DU TAUREAU

Si le Taureau s'invite sur ta route, c'est le signe que tu dois te recentrer et te chouchouter. Ne mérites-tu pas le meilleur, après tout ? Le Taureau est une force tranquille, il sait ce qu'il veut, ce qu'il vaut et avance à son rythme. Inspire-toi de lui en t'offrant un bon restaurant, en te faisant masser. Mais aussi, en cas de conflit par exemple, en étant clair·e sur tes positions, en restant loyal·e à tes convictions.

SOYONS DIRECT

Non, pour l'instant le plus important c'est toi.

POUR CONFIRMER CE MESSAGE :

LE NUMÉRO

2

LE SIGNE

Un taureau ou le signe ♉

DEUIL

LE MESSAGE DE VÉNUS RÉTROGRADE

Ta vie affective (sentimentale ou bien familiale) est complexe. Rien ne semble aller dans la direction que tu souhaites, et les relations peuvent être conflictuelles. Tu as de la difficulté à communiquer clairement tes ressentis et à exposer tes attentes à ton entourage. Si tu es célibataire, alors le futur te semble brumeux, tu ne sais plus vraiment où tu en es. La rétrograde de Vénus est là pour te permettre de te défaire de certains schémas nocifs, comme se sacrifier pour l'autre, étouffer sa colère, ou bien choisir des partenaires qui ne sont pas engagés dans la relation de couple. Cette rétrograde va également te pousser à faire un travail profond afin d'évoluer. N'aie pas peur de cette période, elle te permet de faire le ménage.

SOYONS DIRECT

Non, ce n'est pas le moment de s'engager.

POUR CONFIRMER CE MESSAGE :

LE NUMÉRO

7

LE SIGNE

Vénus ou le signe ♀

IL FAUT SORTIR DE CETTE SITUATION

SOIS RUSÉ·E

CONSTRUIS TON FUTUR

C'est une période intense faite de changements rapides qui se profile à l'horizon ! Tu as envie d'apporter une nouvelle énergie dans ton quotidien. De recommencer à zéro, de tout envoyer balader et de fuir le plus loin possible, car là, tu étouffes. Alors avant d'envisager d'acheter un aller simple pour l'autre bout de la planète, tu peux déjà commencer par stopper toutes les situations énergivores qui ne sont plus alignées avec tes envies. Et canaliser toute cette énergie en toi pour la mettre à profit dans des projets constructifs.

SOYONS DIRECT

Oui, un peu de changement ne fera pas de mal !

POUR CONFIRMER CE MESSAGE :

LE NUMÉRO

1

LE SIGNE

Un balai

JETTE-TOI À L'EAU

Cela fait un moment que tu as un projet en tête ou bien un sentiment amoureux que tu souhaites explorer, mais tu n'oses pas te lancer ! Qu'attends-tu ? Il est temps de passer à l'action et de prendre la parole. Si cela concerne un projet, sache que tes points forts sont ta créativité, ta détermination et la sincérité de ta démarche.
Côté relationnel, tu as tant d'amour à donner, ça serait dommage de gâcher tout cela par peur de l'échec, non ? Lance-toi, il est temps de déclarer ta flamme.

SOYONS DIRECT

Oui, il faut se jeter à l'eau.

POUR CONFIRMER CE MESSAGE :

LE NUMÉRO

33

LE SIGNE

Une étoile

IL Y A UN BLOCAGE

Tu fais face à une période difficile au niveau financier ou professionnel. Les choses n'avancent pas assez vite à ton goût ! Tu as peur que ce blocage s'intensifie et engendre des difficultés à la longue. Le conseil pour toi est de prendre ton mal en patience. Une solution arrive, ne laisse pas la peur te paralyser.

SOYONS DIRECT

Non, pas pour le moment !

POUR CONFIRMER CE MESSAGE :

LE NUMÉRO

77

LE SIGNE

Une pièce de monnaie

RÉFLÉCHIS À TA STRATÉGIE

Tu fais face à un choix complexe : oser changer de voie et prendre un risque ou bien rester dans un quotidien qui n'est pas épanouissant mais qui est sécurisant. Ce changement est effrayant, je l'entends. Mais est-ce que rester dans une routine qui ne te convient plus est soutenable à long terme ? Ce message t'encourage à regarder tes options de manière rationnelle et à commencer à mettre en place ta stratégie. Car non, tu ne vas pas partir sur un coup de tête, il faut donc préparer la suite. Courage !

SOYONS DIRECT

Oui, il faut tenter ta chance.

POUR CONFIRMER CE MESSAGE :

LE NUMÉRO

91

LE SIGNE

Une étincelle

UNION

FAIS CE QU'IL Y A
DE MIEUX
POUR TOI

LE MESSAGE DE NEPTUNE

Tu entres dans une période spirituelle où tu seras amené·e à réaliser une importante introspection. Neptune t'incite à plonger dans ton inconscient et à te reconnecter à ta sensibilité en te mettant dans ta bulle. Tu auras tendance à te replier sur toi, à chercher un environnement calme. C'est donc un temps d'étude et d'exploration de ton imagination. Les grands projets doivent être repoussés à plus tard.

SOYONS DIRECT

Non, ce n'est pas le moment.

POUR CONFIRMER CE MESSAGE :

LE NUMÉRO

8

LE SIGNE

Neptune ou le symbole ♆

COUP DE FOUDRE

UNIS-TOI AU MONDE

Si tu lis ces mots, c'est que tu es dans une période où il est nécessaire de te reconnecter aux autres. Il faut échanger et collaborer pour pouvoir avancer. Cette union des forces permettra à tout le monde d'évoluer. C'est un échange de service. Tu es resté·e longtemps seul·e et isolé·e, à faire les choses par toi-même. Un regard extérieur sera enrichissant, et travailler en équipe t'apportera une nouvelle vision de ton travail.

SOYONS DIRECT

Oui, mais pas solo !

POUR CONFIRMER CE MESSAGE :

LE NUMÉRO

222

LE SIGNE

Une main tendue

LE MESSAGE DE L'ARCANE DE LA TEMPÉRANCE

Tu es au bon endroit au bon moment. Même si tu en doutes au vu de ta situation. En effet, tu es dans une période de changement, où tu as quitté une étape mais ne sais pas encore très bien si la suivante sera positive. Cette instabilité peut être insécurisante, et tu peux en venir à douter de la direction que tu prends. Il faut faire confiance à l'ange de la Tempérance qui vient t'escorter d'un cycle à l'autre en douceur. Il n'est pas question d'excès ou de se faire violence. Inutile de soulever des montagnes ou bien de faire des efforts surhumains. Il faut avancer pas à pas pour retrouver ton équilibre et ta stabilité. Sois à l'écoute de ton intuition, de tes ressentis. Tu es sur la bonne voie, tu vas réussir, ça ne fait aucun doute !

SOYONS DIRECT

Oui, mais en douceur.

POUR CONFIRMER CE MESSAGE :

LE NUMÉRO

14

LE SIGNE

Un ange

N'AIE PAS PEUR
D'AFFRONTER
LA VAGUE

ILLUSION

REPOSE-TOI

Attention ! Message d'alerte pour toi ! Ta situation professionnelle commence à t'échapper. Tu accumules de plus en plus de responsabilités et de fatigue. Il faut que tu fasses retomber cette pression et ce rythme. Pourquoi ne pas déléguer un peu de tes obligations et faire un tri dans tes priorités pour étaler les tâches ? La vie ne doit pas être uniquement faite de challenges, de défis, il nous faut à tous de la douceur !

SOYONS DIRECT

Non, il faut calmer le rythme.

POUR CONFIRMER CE MESSAGE :

LE NUMÉRO

44

LE SIGNE

Un papillon

LE MESSAGE DE LA PYRITE

Avec la pyrite, il est impossible d'avoir des idées noires ! Cette pierre insuffle un optimisme à toute épreuve. Tu rayonnes, et rien ne saurait assombrir cette lumière intérieure. Tu débordes d'énergie et d'envies ! Ce message est là pour te confirmer que tu as la force nécessaire pour rayonner de mille feux et pour t'investir à 100 % dans tes projets. Ton esprit est créatif, pratique. Alors qu'attends-tu pour briller ?

SOYONS DIRECT

C'est un grand OUI !

POUR CONFIRMER CE MESSAGE :

LE NUMÉRO

1

LE SIGNE

Une pyrite
(pierre dorée de forme cubique)

IL Y A UNE
AUTRE VOIE
POUR TOI

PRENDS LE TEMPS DE TE RECONSTRUIRE

J'ai la sensation que tu as connu récemment un passage difficile, une rupture ou une prise de conscience qui t'a bouleversé·e. Le plus dur est passé, tu recolles les morceaux et tu souhaites à présent retrouver une humeur plus légère et apaisée. C'est une période idéale pour passer du temps avec tes proches, recommencer à sortir et te faire plaisir. Il est important que tu restes sur des choses légères pour le moment, pour un ressourcement et un repos du cœur. Il serait trop difficile de reconstruire une nouvelle histoire maintenant alors que ton socle est fragilisé. Tu n'es pas totalement prêt·e à t'engager à nouveau.

SOYONS DIRECT

Oui, avec douceur et patience.

POUR CONFIRMER CE MESSAGE :

LE NUMÉRO

16

LE SIGNE

Une plume blanche

ENRACINEMENT

EXPRIME CE
QUE TU AS
SUR LE COEUR :
LES MOTS SONT
PUISSANTS

L'AMOUR ARRIVE, BIENTÔT

Patience, mon ami·e, patience ! L'amour arrive à ta porte. Tu te sens prêt·e à écrire un nouveau chapitre. Il est clair que tu as une envie bien précise côté cœur, comme rencontrer l'amour ou bien t'engager encore plus avec la personne qui partage déjà ta vie. Cependant, ce message t'invite à prendre encore un peu ton mal en patience, car les étoiles ne sont pas totalement alignées. L'heure n'est pas encore tout à fait venue pour inaugurer cette étape. L'amour se manifestera prochainement, ne perd pas espoir.

SOYONS DIRECT

Oui, dans peu de temps.

POUR CONFIRMER CE MESSAGE :

LE NUMÉRO

222

LE SIGNE

Un cœur avec une flèche

COLÈRE

INVESTIS-TOI DANS TA VIE PERSONNELLE

Alors oui, normalement tu devrais être investi·e dans ton travail et tes projets, cependant tu n'as pas la tête à ça. Tes priorités sont ailleurs ! Tu préfères te concentrer sur ta vie amoureuse, ton confort, tes loisirs. C'est une ambiance cocooning qu'il te faut, un point, c'est tout ! Mets tes projets professionnels un peu de côté pour t'accorder une vraie pause douillette. Prends du temps pour refaire ta déco, des activités DIY. Le temps est précieux, il faut savourer ces moments plus calmes.

SOYONS DIRECT

Non, tu n'as pas la tête à ça.

POUR CONFIRMER CE MESSAGE :

LE NUMÉRO

73

LE SIGNE

Un nuage

LE MESSAGE D'URANUS

Trop, c'est trop ! C'est la goutte d'eau qui fait déborder ton vase. Uranus vient t'apporter cet esprit de rébellion et de libération dont tu as besoin pour faire bouger les choses ! Tu as pendant trop longtemps essayé de coller à un modèle qui ne te correspondait pas. Maintenant, tu dois montrer au monde ta personnalité unique. Tu es original·e, sois authentique. C'est l'heure de ta révolution.

SOYONS DIRECT

Oui, ce n'est plus possible ainsi.

POUR CONFIRMER CE MESSAGE :

LE NUMÉRO

1

LE SIGNE

Uranus ou le symbole ♅

SOIS L'ÉNERGIE
QUE TU VEUX
ATTIRER

LE MESSAGE DE LA PIERRE DES FÉES

Cette pierre te donne le message de te mettre dans une bulle, loin du monde et de l'agitation. Il te faut du calme pour te recentrer et te reconnecter à ton âme. Pour cela, rien de mieux que de passer quelques jours dans la nature, à marcher en écoutant le vent et les clapotis des rivières ! Un retour à la simplicité qui te permettra d'entendre à nouveau ta petite voix intérieure, mais aussi la conviction que tu es capable d'accomplir de belles choses.

SOYONS DIRECT

Non, pour l'instant il te faut du calme.

POUR CONFIRMER CE MESSAGE :

LE NUMÉRO

9

LE SIGNE

La pierre des fées
(pierre grise aux formes mystérieuses)

ÉTUDIE

IL FAUT TE SIMPLIFIER LA VIE

RÉVISE TA DÉFINITION DE L'AMOUR

Tu souhaites passer à l'étape supérieure, cependant ta conception de l'amour est tourmentée. Que tu sois en couple ou célibataire, il ne faut pas te précipiter dans des engagements, car la base n'est pas assez solide.
Il te faut prendre un temps pour te demander quelle est ta vision de l'amour, comment tu reçois et donnes de l'amour et ce que tu attends de l'engagement. Aimer implique des compromis et du lâcher-prise : tu ne pourras pas tout contrôler. Est-ce que tu as grandi avec des représentations négatives du couple ? Ou bien est-ce que tu as de la difficulté à accorder ta confiance et à te montrer vulnérable ?

SOYONS DIRECT

Non, ce n'est pas le bon moment.

POUR CONFIRMER CE MESSAGE :

LE NUMÉRO

23

LE SIGNE

Un cœur

L'HEURE EST VENUE

Après une longue période d'introspection, tu sais à présent dans quelle direction tu souhaites aller. Le moment est venu d'agir pour changer ce qui doit l'être. Ce message vient à ta rencontre pour te confirmer que tu entres dans une période d'action. Alors, ne perds pas une minute, il faut te lancer ! Tes points forts sont ton audace et ton courage. Il y a beaucoup d'étapes à mettre en place, alors ne perds pas une minute !

SOYONS DIRECT

Oui, c'est le moment de passer à l'action !

POUR CONFIRMER CE MESSAGE :

LE NUMÉRO

18

LE SIGNE

Une flèche

LA FIN

AGIS SELON TES VALEURS

LE MESSAGE DE LA FLEUR DE CERISIER

On n'a qu'une vie, alors il faut en faire une œuvre majestueuse, il faut qu'elle soit magnifique ! Voilà le message que te livre la fleur de cerisier. La vie est éphémère, c'est ce qui fait sa beauté. As-tu un rêve que tu repousses sans cesse au lendemain ? Il faut saisir les opportunités que le destin place sur ta route avant qu'il ne soit trop tard.

SOYONS DIRECT

Oui, saisis ta chance.

POUR CONFIRMER CE MESSAGE :

LE NUMÉRO

30

LE SIGNE

Une fleur de cerisier

NAISSANCE

TROUVE UN NOUVEAU SOUFFLE

As-tu eu des envies d'ailleurs récemment ? De déménager, de voyager ou bien de te reconvertir dans un nouveau métier ? Il semblerait que tu aies besoin de changer d'air. D'être à un endroit où tu te sens aligné·e, où tout fait sens, où tu agis sans avoir l'impression de te forcer. Ce message te confirme que tu as besoin de quitter cette situation pour retrouver un nouveau souffle ailleurs.

SOYONS DIRECT

Oui, il est temps de partir.

POUR CONFIRMER CE MESSAGE :

LE NUMÉRO

55

LE SIGNE

Une valise

LE MESSAGE DE L'ARCANE DU CHARIOT

Tu es face à un choix, deux options se présentent à toi et il n'est pas facile de te décider. Le Chariot n'a pas pour but de te presser, au contraire, il t'invite à prendre le temps de réfléchir et de bien évaluer chaque situation. Une fois que tu auras tranché, il n'y aura pas de retour en arrière possible ni de regrets à avoir. Cette carte est la promesse d'une belle évolution. Alors, prends le temps de bien réfléchir à tes différentes options et ne relâche pas tes efforts !

SOYONS DIRECT

Oui, mais cela prendra du temps !

POUR CONFIRMER CE MESSAGE :

LE NUMÉRO

7

LE SIGNE

Une roue

LA CHANCE
EST DE
TON CÔTÉ !

MESSAGE D'AMOUR

TOUT EST POSSIBLE

Fais un vœu ! Tu es dans une magnifique période où tout te semble possible. Il y a un feu qui brûle en toi et te donne l'énergie nécessaire pour t'attaquer à d'importants projets. Toi qui, il y a encore quelque temps, n'aurais même pas envisagé de t'engager, tu n'hésites plus à être ambitieux·se et à te mettre en avant. On dirait bien que le destin va te pousser sur le devant de la scène. C'est le moment de briller !

SOYONS DIRECT

Oui, c'est ton moment !

POUR CONFIRMER CE MESSAGE :

LE NUMÉRO

19

LE SIGNE

Une paillette

LE MESSAGE DE LA SODALITE

Cette pierre bleue se trouve sur ta route pour te délivrer ce message : ne garde pas cette colère dans ton cœur. Ce sentiment en toi a besoin d'être apaisé, car il dévore toute la joie et l'optimisme qui normalement t'habitent. Tu as besoin de comprendre d'où viennent ces sentiments qui te pèsent afin de mieux pouvoir t'en libérer. La route sera longue jusqu'à ce que tu te sentes totalement libéré·e, alors ne tarde pas à faire le premier pas.

SOYONS DIRECT

Non, il faut t'occuper de toi avant.

POUR CONFIRMER CE MESSAGE :

LE NUMÉRO

90

LE SIGNE

Une sodalite
(une pierre bleue)

IL N'Y A PAS
DE MAGIE
SANS RISQUE

VA À LA RENCONTRE DU MONDE

Ce message te lance un défi. Es-tu prêt·e à le relever ? Le challenge est simple : sortir de ta zone de confort pour aller à la rencontre du monde et créer des liens avec de nouvelles personnes. Car, oui, si tu es en train de lire ces mots, c'est que l'univers considère que tu commences à tourner en rond dans ton cercle relationnel. Tu as besoin de sortir de ta solitude et d'élargir ton entourage, de rencontrer des personnalités enrichissantes. Il est toujours agréable d'avoir quelqu'un avec qui échanger et partager, non ? Il faut t'ouvrir davantage au monde qui t'entoure. Alors, pourquoi ne pas t'inscrire à une activité sportive, créer un club de lecture ou bien aller à un festival ?

SOYONS DIRECT

Oui, il est temps de sortir de ta bulle.

POUR CONFIRMER CE MESSAGE :

LE NUMÉRO

36

LE SIGNE

Une coupe

CHOISIS TON
AVENTURE

NE LAISSE PAS
LA PEUR DE
L'ÉCHEC
TE DICTER
TA CONDUITE

PIMENTE TA VIE

Te sens-tu d'humeur solitaire, avec une sensation de lassitude dans ta vie ? Tu sembles un peu perdu·e, en train de chercher du sens : « Est-ce que la vie se résume à ça ? » L'envie de pimenter ton existence est bien là, mais tout est assez flou. Alors tu préfères rester dans ton coin en attendant que le brouillard se lève.

Le conseil que ce message t'apporte est de tester la technique des cannes à pêche : en installer plusieurs pour voir ce qui mord en premier !

SOYONS DIRECT

Oui, il faut étudier cette option !

POUR CONFIRMER CE MESSAGE :

LE NUMÉRO

74

LE SIGNE

Une bobine de fil

RÉFLÉCHIS AVANT DE T'ENGAGER

Doucement, mon ami·e ! Je sens que ton cerveau bouillonne et que tu es prêt·e à te jeter à l'eau, cependant le timing n'est pas bon. Tu te précipites dans une relation ou un projet sans réellement prendre le temps de réfléchir. Accorde-toi un instant pour demander des avis extérieurs et canaliser toute cette énergie débordante. Avant de te lancer, tu dois aussi t'assurer d'avoir des filets de sécurité : des économies, de l'énergie physique, du temps.

SOYONS DIRECT

Non, il faut encore consolider ton projet.

POUR CONFIRMER CE MESSAGE :

LE NUMÉRO

77

LE SIGNE

Un sablier

COEUR BRISÉ

DONNE ET REÇOIS

Je pense que tu as beaucoup donné. Tu as une grande générosité et le cœur sur la main, comme dit l'expression. Ce n'est pas un défaut, pourtant cela t'a joué des tours par le passé. Tu as parfois été dans le sacrifice. Ce message est là pour te dire sans détour : tu mérites de recevoir, tu n'as pas à te sacrifier pour être aimé·e. Prends un temps pour réfléchir à tes relations et faire le tri entre celles qui te font du bien et celles qui ne sont pas saines. Il est temps de penser à toi !

SOYONS DIRECT

Non, il y a du tri à faire.

POUR CONFIRMER CE MESSAGE :

LE NUMÉRO

666

LE SIGNE

Un chat

SEULE TON OPINION COMPTE

INVESTISSEMENT

LE MESSAGE DE LA CHAUVE-SOURIS

Cette chauve-souris, qui vole au-dessus de ta tête, est d'excellent augure. Elle vient te confirmer que tu passes d'un cycle difficile et sombre à un cycle lumineux. Le plus dur est passé. Tu ressors grandi·e de cette expérience. C'est une délicieuse renaissance, tu te sens libre, plein·e d'espoir pour le futur. Que vas-tu faire de ce nouveau chapitre de vie ?

SOYONS DIRECT

Oui, tu es libre de te lancer.

POUR CONFIRMER CE MESSAGE :

LE NUMÉRO

1

LE SIGNE

Une chauve-souris

SOIS PLUS DIPLOMATE

Tu te lances dans un projet qui ne ravira pas tout le monde dans ton entourage ! Des rivalités et des tensions peuvent donc te freiner. Tu devras veiller à ne pas être trop autoritaire, mais plutôt à travailler comme un·e chef·fe d'orchestre et apporter de l'harmonie au groupe, en étant à l'écoute de l'ensemble, en guidant avec justesse, surtout si tu es dans une position de leader. C'est une situation délicate, car tu dois collaborer avec des personnes qui n'ont pas la même vision que toi. Écoute les conseils que l'on t'apporte et affirme-toi dans ce nouveau rôle de chef·fe.

SOYONS DIRECT

Oui, mais avec tact.

POUR CONFIRMER CE MESSAGE :

LE NUMÉRO

31

LE SIGNE

Un violon

RETRAIT

CE QUI T'EST DESTINÉ
VIENDRA À TOI
D'UNE FAÇON
OU D'UNE AUTRE

IL EST TEMPS

Très cher·e, il est temps d'agir ! Tu sembles attendre un énième signe. N'hésite plus. Cette page te confirme que tu dois avancer avec confiance. Inutile d'avoir une nouvelle validation extérieure car tu sens bien, au fond de toi, que le moment est venu. Tu sais quel chemin tu dois prendre. Alors qu'attends-tu pour refermer ce livre et passer à l'action ?

SOYONS DIRECT

Oui, il faut y aller !

POUR CONFIRMER CE MESSAGE :

LE NUMÉRO

41

LE SIGNE

Un feu vert

ABANDON

LE MESSAGE DU RENARD

Peu importe les difficultés, tu trouveras toujours des solutions pour t'en sortir en beauté ! Le renard est un animal rusé qui s'adapte à son environnement. En ville ou à la campagne, il s'assimile aisément. Inspire-toi de cette flexibilité pour résoudre tes problématiques. Inutile d'avoir de grands moyens, dans ta situation il faut faire plutôt preuve d'ingéniosité. Partir de ce que tu as, bricoler, arranger, recycler, simplifier...

Il y a toujours un moyen de rattraper une erreur. Tu as toutes les ressources suffisantes à portée de main. Fais-toi confiance.

SOYONS DIRECT

Oui, tu vas trouver une solution.

POUR CONFIRMER CE MESSAGE :

LE NUMÉRO

52

LE SIGNE

Un renard

LE MESSAGE ASTRO DU VERSEAU

Ce message t'invite à voir ta situation sous un autre angle. Ou bien à ne pas t'imposer un cadre de vie qui ne te convient pas.
Le Verseau est le signe qui pense différemment, il a une longueur d'avance sur les autres, avec son côté avant-gardiste. Il ne faut donc pas réfléchir de façon conventionnelle, mais plutôt en dehors du cadre. En anglais on dit penser « *outside of the box* » !
Ce message t'indique peut-être aussi de cultiver ce qui te rend unique, ta vision, ton style de vie. Ta différence est une force incroyable. Alors sois authentique, mène ta vie de la façon la plus juste possible pour toi.

SOYONS DIRECT

Oui, mais pas de façon traditionnelle.

POUR CONFIRMER CE MESSAGE :

LE NUMÉRO
111

LE SIGNE
Verseau ou le signe ♒

TOUT SE PASSERA BIEN

ENGAGEMENT

COMPRENDS TES ÉMOTIONS

Tu traverses une période difficile et mouvementée. Il faut explorer cette tempête émotionnelle qui est en toi. Décortiquer son origine, trouver pourquoi cela t'impacte autant et comment t'en libérer. Ce travail ne doit pas être fait seul·e dans ton coin, tu as besoin de te confier et de te sentir entendu·e. Une personne t'accompagnera dans ce voyage dans tes parts d'ombre et te donnera les clés.

SOYONS DIRECT

Non, il faut d'abord prendre un temps pour panser tes blessures.

POUR CONFIRMER CE MESSAGE :

LE NUMÉRO

5

LE SIGNE

Une plume noire

FAIS CE QUE TU AIMES,
MAIS NE LE FAIS PAS POUR ÊTRE AIMÉ·E

LE MESSAGE DE MARS RÉTROGRADE

Il y a tant de colère et de violence que tu gardes en toi ! Ton ego a été blessé par une personne, tu te sens sur la défensive et prêt·e à en découdre. Cette rage n'est pas constructive, car elle n'apporte que des conflits dans tes relations avec les autres. Il faut t'en libérer car à force elle t'isole du reste du monde. Pourquoi ressens-tu cette colère et pourquoi la gardes-tu en toi ? Il est temps de l'extérioriser, de pardonner ou de te pardonner et de trouver l'apaisement.

SOYONS DIRECT

Non, car il y a trop de colère en toi.

POUR CONFIRMER CE MESSAGE :

LE NUMÉRO

76

LE SIGNE

Un feu

TROUVE UN ACCORD

Ras-le-bol ! Disons-le clairement, tu en as marre de cette relation. Tu as envie de tout envoyer balader et de fuir. Cette situation est un mélange de stress et de saturation. Malheureusement, tu as des responsabilités qui te rattachent à cette personne.
La fuite n'étant pas possible, nous allons partir sur l'option 2 : restructurer tout le bazar. Tu dois poser des limites, communiquer, simplifier. Moins théâtral, je te l'accorde, mais plus réalisable !

SOYONS DIRECT

Non, il faut essayer encore.

POUR CONFIRMER CE MESSAGE :

LE NUMÉRO

22

LE SIGNE

Un cube

PRENDS UN RISQUE

IL FAUT ENVISAGER UNE AUTRE OPTION

LE MESSAGE DE L'ARCANE DE L'HERMITE

L'Hermite illustre le silence et l'isolement.
Non, personne ne t'incite à te retirer dans une tour avec interdiction de t'amuser. L'Hermite te dit simplement que ce n'est pas le moment d'agir, l'heure est au bilan et à l'étude. Ralentis ton rythme afin de prendre de la hauteur sur ta situation et de faire le point.
Il est important que tu sois flexible dans les prochains mois, essaye de ne pas avoir une vision trop précise de ton futur pour l'instant, car tes objectifs vont pas mal évoluer.

SOYONS DIRECT

Non, ce n'est pas le moment de se lancer !

POUR CONFIRMER CE MESSAGE :

LE NUMÉRO

9

LE SIGNE

Une lanterne

LE MESSAGE DE L'ARCANE DE LA JUSTICE

J'aime dire que la carte de la Justice, c'est un peu comme si l'on devait faire son propre jugement : « Suis-je à la bonne place ? » Il est impossible de se mentir à soi-même, il faut être honnête et affronter la vérité. Cet arcane croise ta route dans les périodes d'indécision et de blocage. Inspire-toi de la Justice : comme elle, pèse le pour et le contre avec la balance qui est dans ta main gauche puis, avec l'épée dans ta main droite, tranche. Il faut faire le choix de vie qui te semble le plus juste.

SOYONS DIRECT

Oui, il faut agir avec honnêteté et être juste.

POUR CONFIRMER CE MESSAGE :

LE NUMÉRO

8

LE SIGNE

Une balance

REPOS

L'AMOUR S'INVITE

Une nouvelle relation débute (ou ne devrait pas tarder à croiser ton chemin). Cette personne apporte dans ta vie une stabilité et un bonheur que tu n'avais pas connus depuis quelque temps. Tu te sens radieux·se et inspiré·e. L'amour se réinvite dans ta vie, et cette fois-ci tu es prêt·e à lui faire de la place. Tu es prêt·e à t'engager et à laisser une personne entrer dans ton intimité. La vie est belle et ton cœur pétille. Profite de ce moment.

SOYONS DIRECT

Oui, absolument !

POUR CONFIRMER CE MESSAGE :

LE NÚMERO

6

LE SIGNE

Deux cœurs

LE CHANGEMENT ARRIVE

DUALITÉ

LE MESSAGE DE L'ÉCUREUIL

Tel l'écureuil qui sent l'hiver approcher, il va falloir que tu t'organises ! C'est le moment de faire des plannings, de revoir ton business plan et de faire des économies. Si tu as un projet spécifique en tête, il est fortement recommandé de ne rien laisser au hasard. Essaye d'anticiper, de prévoir, de te préparer et de planifier le plus possible. Cette organisation, qui peut sembler rigide, te permettra d'avoir une base solide.

SOYONS DIRECT

Oui, mais il faut être bien préparé·e.

POUR CONFIRMER CE MESSAGE :

LE NUMÉRO

44

LE SIGNE

Un écureuil

SUIS TON
INTUITION,
C'EST TON
MEILLEUR
GUIDE

LES ÉTOILES S'ALIGNENT

Enfin les étoiles vont s'aligner pour toi ! Le timing sera favorable dans quelques semaines, patience, le moment de te lancer est bientôt venu !
Tu es certainement sur un projet qui est à l'arrêt depuis un certain temps. Ce blocage se lèvera enfin grâce à un coup de pouce du destin. Mais en attendant de voir la lumière au bout du tunnel, le conseil pour toi est de progresser sur un autre dossier en parallèle. Plutôt que de patienter les bras croisés, pourquoi ne pas passer plus de temps avec tes proches ?

SOYONS DIRECT

Non, pas encore, mais bientôt !

POUR CONFIRMER CE MESSAGE :

LE NUMÉRO

77

LE SIGNE

Un sablier

LE MESSAGE DE L'OURS

Tu dois te reposer.
Si tes yeux se sont posés sur cette page, peut-être as-tu connu des soucis de santé ou de la tristesse dernièrement ? L'ours te suggère de te réfugier dans ton cocon, cet endroit où tu te sens en sécurité, loin du monde, afin de retrouver ton ancrage et tes forces. Inutile donc de te forcer à être productif·ve, chaque chose en son temps ! Va te reposer, nous te retrouverons plus tard !

SOYONS DIRECT

Non, il te faut du repos.

POUR CONFIRMER CE MESSAGE :

LE NUMÉRO

70

LE SIGNE

Un ours

TENSION

EMBRASEMENT

PRENDS DU RECUL

Il est question pour toi d'une rupture, amoureuse ou professionnelle. Il y a un chapitre à refermer. Pour l'instant, ton cœur est encore lourd, et il t'est impossible d'éprouver de la reconnaissance pour cette histoire. Accorde-toi de la douceur, du temps. Fais des activités simples mais qui t'apportent du réconfort. Et tu verras qu'avec le recul, ton regard changera. Tu comprendras que cette histoire n'a pas été vécue pour rien, que tu as énormément appris. Alors, tu pourras avancer. Un moment de vie se sera refermé pour laisser place à un futur radieux, n'en doute pas un instant.

SOYONS DIRECT

Non, pas pour l'instant.

POUR CONFIRMER CE MESSAGE :

LE NUMÉRO

95

LE SIGNE

Un livre

LE MESSAGE DE L'ARCANE DU MONDE

C'est un grand oui ! Tu vas concrétiser cette idée que tu as en tête. L'arcane du Monde représente un accouchement, peut-être d'un enfant, mais surtout de toi même. C'est un aboutissement. Tu te réalises en accomplissant ton objectif. C'est ton rêve qui se concrétise.
Parfait, mais après... ? Car, quand un but se concrétise, il faut en trouver un nouveau. Maintenant que tu as accompli ce que tu voulais, quel sera ton prochain objectif ?

SOYONS DIRECT

Oui, oui et oui !

POUR CONFIRMER CE MESSAGE :

LE NUMÉRO

21

LE SIGNE

Le monde

DÉPART

LE MESSAGE DE L'ARCANE DE LA TOUR

Non, ça ne fonctionnera pas. Cette situation n'est pas amenée à durer. Il est toujours difficile de renoncer à un projet dans lequel on a investi tant d'espoir et d'énergie. La Tour est comme un château de cartes : on passe du temps à le construire, mais la structure est fragile et on le sait. Seulement, on a ce fol espoir que, peut-être, cette fois-ci, il pourra tenir un peu plus longtemps.

Il est important de comprendre que cette situation qui s'écroule est un mal pour un bien. Il y a autre chose pour toi, fais-moi confiance, j'ai expérimenté la Tour plus d'une fois !

SOYONS DIRECT

Non, ce n'est pas le bon chemin pour toi.

POUR CONFIRMER CE MESSAGE :

LE NUMÉRO

16

LE SIGNE

Une tour

DÉSTRESSE : CE QUI DOIT ARRIVER ARRIVERA

VACANCES

ÉCOUTE TON CORPS

Écoute ton corps. Sois sensible à ses signaux et fais-toi confiance. Ce message est là pour te confirmer qu'il faut que tu prennes soin de toi et de ton énergie, en particulier si tu remarques un changement en toi. Ta santé est précieuse, il ne faut pas la négliger, car elle est la structure sur laquelle tout le reste repose. Prends un temps pour scanner ton énergie et tes habitudes de vie, il y a quelques petits aménagements à faire !

SOYONS DIRECT

Non, il faut d'abord prendre soin de toi.

POUR CONFIRMER CE MESSAGE :

LE NUMÉRO

7

LE SIGNE

Une plume blanche

CE N'EST PAS LA FIN

VAS-Y

Tu rêves d'un réel changement. Tu souhaites tourner la page et passer à autre chose. Cette idée doit à présent se transformer en volonté. Comme je dis toujours : rien ne change, si rien ne change ! Qu'est-ce qui t'empêche d'avancer ? La peur du manque ou de l'échec ? Tu peux puiser en toi la motivation nécessaire pour avancer et surmonter les obstacles. Alors, ne tourne plus en rond et lance-toi, d'accord ?

SOYONS DIRECT

Oui, pourquoi attends-tu ?

POUR CONFIRMER CE MESSAGE :

LE NUMÉRO

10

LE SIGNE

Une étoile filante

EXPRIME TA CRÉATIVITÉ

Tu as un esprit créatif qui a besoin de s'exprimer ! Il te faut une passion, créer non pas pour produire mais pour te faire plaisir. Sans attente de résultat. Pas besoin que ce soit beau ou parfait, ce n'est pas le but. L'objectif est que tu stimules et que tu laisses libre cours à tes capacités.
Ce temps de création est aussi pour toi un moyen méditatif d'apaiser ton mental qui a tendance à être beaucoup trop actif en ce moment. Créer pour se libérer d'une pression, voilà un joli moyen de passer son temps, tu ne penses pas ?

SOYONS DIRECT

Oui, ça te fera du bien.

POUR CONFIRMER CE MESSAGE :

LE NUMÉRO

3

LE SIGNE

Un pinceau

ÉCHAPPÉE

POURQUOI NE PAS TENTER UNE NOUVELLE AVENTURE ?

LE MESSAGE DE LA LIBELLULE

Cette libellule qui s'invite dans ta vie vient te pousser à être plus spontané·e. Des opportunités sont sur ta route mais tu hésites à les saisir. Pourquoi ? C'est pourtant dans ces aventures-là que l'on évolue et que l'on progresse le plus. Sois confiant·e, car si une opportunité t'est proposée, c'est le signe que tu es en mesure de relever le défi. Rien n'arrive jamais par hasard.

SOYONS DIRECT

Oui, pourquoi doutes-tu ?

POUR CONFIRMER CE MESSAGE :

LE NUMÉRO

8

LE SIGNE

Une libellule

LE MESSAGE DE LA SHUNGITE

Cette pierre est comme un bouclier qui vient te protéger. Rien de négatif ne peut la traverser pour t'atteindre, les ondes néfastes sont renvoyées à l'expéditeur. La shungite t'apporte le message suivant : « Tu n'as pas de temps pour les problèmes et les drames. » Ton énergie est précieuse. Les relations toxiques, les angoisses, le bruit du monde extérieur restent dehors. Continue d'installer autour de toi un environnement sain : en prenant soin de toi, en favorisant des relations stimulantes et apaisées, en lâchant prise sur les situations énergivores. Concentre ton énergie sur des choses constructives. C'est le plus beau cadeau que tu puisses te faire.

SOYONS DIRECT

Non.

POUR CONFIRMER CE MESSAGE :

LE NUMÉRO

79

LE SIGNE

Une shungite
(une pierre noire)

FAIS LE
PREMIER PAS

OUVRE TON COEUR

Le travail sur toi que tu as entrepris vient mettre un point final à un passé douloureux. Tu es dans un processus de pardon. La page se tourne délicatement, et la carapace protectrice que tu t'étais forgée se dissout. Tu peux avoir besoin de t'isoler du monde encore un peu, bien que tu sois prêt·e à créer du lien. Ressens-tu déjà l'envie d'ouvrir ton cœur ? Maintenant que le passé n'est plus un frein, tu dois te poser la question : que vas-tu faire de ton futur ? Car créer du lien amène aussi des nouveaux projets : voyager, se mettre un couple, fonder une famille...

SOYONS DIRECT

Oui, tu es prêt·e.

POUR CONFIRMER CE MESSAGE :

LE NUMÉRO

26

LE SIGNE

Un cœur avec une couronne

IL FAUT SAVOIR
IMPROVISER
POUR AVOIR
DU SUCCÈS

CICATRISATION

LE MESSAGE ASTRO DU CANCER

Te sens-tu particulièrement sensible en ce moment ? Tes émotions sont comme une vague qui monte jusqu'à te submerger pour redescendre subitement quelques minutes après ? Laisse-toi traverser par ces sentiments, ne cherche pas à étouffer cette tempête. Il vaut mieux exprimer que refouler. Prends le temps de comprendre la racine de cette émotion, de mettre des mots dessus et d'être à l'écoute de tes besoins. Pour t'aider à traverser cette période, ta famille — qu'elle soit de sang ou de cœur — sera un vrai pilier pour te soutenir. Ne reste pas seul·e.

SOYONS DIRECT

Non, les émotions sont trop fortes pour le moment.

POUR CONFIRMER CE MESSAGE :

LE NUMÉRO

4

LE SIGNE

Le Cancer ou le signe ♋

LA PROCHAINE FOIS, VAS-Y

Il y a une opportunité que tu n'as pas osé accepter. Bien sûr, tu as ton libre arbitre et c'est toi qui décides. Mais ce que tu viens de laisser passer avait du potentiel. Pourquoi être passé·e à côté de cette proposition ? Pourquoi restes-tu dans cette situation ? As-tu peur de te lancer dans l'inconnu ?
J'ai la sensation que tu as au fond de toi un regret de ne pas avoir eu assez d'audace. Si une autre occasion se présente prochainement, y répondras-tu favorablement ?

SOYONS DIRECT

Oui, il faut l'envisager.

POUR CONFIRMER CE MESSAGE :

LE NUMÉRO

9

LE SIGNE

Un lézard

TU AS EN TOI
TOUTES LES
RESSOURCES
NÉCESSAIRES

LÂCHER-PRISE

AJUSTE TA SITUATION

Tu fais face à d'importants challenges au niveau professionnel. Ces responsabilités te submergent. Tu y investis beaucoup d'énergie, malheureusement les résultats ne sont pas à la hauteur. Ce n'est pas ta faute. La barre est trop haute, tu te mets trop de pression. Le conseil pour toi n'est pas de t'ajouter du stress pour tenter d'obtenir des résultats, mais de reconnaître que ce défi est trop difficile, de demander de l'aide ou de réévaluer ton objectif à la baisse. Ce n'est pas un échec, c'est un ajustement de la situation.

SOYONS DIRECT

Non, il ne faut pas forcer.

POUR CONFIRMER CE MESSAGE :

LE NUMÉRO

4

LE SIGNE

Une plume blanche

LE MESSAGE DE LA CHOUETTE

Attention, mon ami·e, une turbulence arrive ! Il faut te tenir prêt·e à t'adapter à ce changement qui s'annonce brusque. C'est peut-être un événement positif, peut-être un événement négatif, dans tous les cas, c'est la façon dont on réagit aux événements qui est le plus important. La chouette t'apporte sa sagesse : il ne s'agit pas de réagir sous le coup de l'émotion, sans réfléchir, il faut prendre le temps d'intégrer la nouvelle et de prendre des décisions réfléchies, avec du recul.
Un dernier conseil : ne pas en faire toute une histoire, la chouette est un animal qui agit discrètement mais avec efficacité !

SOYONS DIRECT

Oui, mais tu dois agir avec sagesse.

POUR CONFIRMER CE MESSAGE :

LE NUMÉRO

777

LE SIGNE

Une chouette

ENSEIGNE

N'as-tu jamais pensé à partager ton expérience ? Tu as parcouru cette existence en traversant de multiples épreuves qui t'ont donné des clés. Ce message t'invite à envisager de partager ces leçons de vie. Est-ce que cela sera sous la forme d'un enseignement, de la transmission orale (à tes enfants par exemple), d'un texte ou bien d'une création ? Tu as des choses à dire et ta voix sera entendue !

SOYONS DIRECT

Oui, tu peux t'engager dans cette voie.

POUR CONFIRMER CE MESSAGE :

LE NUMÉRO

33

LE SIGNE

Un micro

LE MESSAGE DE JUPITER RÉTROGRADE

Il est vrai que tu as eu de la chance ces derniers temps ! Ta bonne étoile scintillait au-dessus de ta tête. Tu as eu l'occasion d'être prospère, d'évoluer dans le bon sens. Cependant, attention de ne pas prendre ces victoires pour acquises. Quand Jupiter rétrograde, nous pouvons avoir tendance à nous surestimer. Si tu as ce message aujourd'hui, c'est le signe que tu dois rester ancré·e dans la réalité. Fais attention à conserver une vision juste et réaliste, garde les pieds sur terre.

SOYONS DIRECT

Non, il faut revoir tes plans !

POUR CONFIRMER CE MESSAGE :

LE NUMÉRO

9

LE SIGNE

Jupiter

VICTOIRE

IL EST
TEMPS !

AFFIRME TON MONDE INTÉRIEUR

Depuis quelque temps, cette sensation de vide commence à s'installer en toi. Tu as tout pour être heureux·se dans ta vie, pourtant quelque chose manque. Est-ce que cela te parle ? Une excitation, une envie, un projet qui te passionne, voilà ce qui te fait défaut. Le conseil pour toi est d'entreprendre un voyage intérieur. Plonger dans la part intime de ta personnalité avec ses parts d'ombre, ses rêves et ses valeurs profondes. T'accorder un temps pour découvrir et affirmer une autre facette de toi. Prêt·e pour le décollage ?

SOYONS DIRECT

Oui, il est temps de découvrir autre chose.

POUR CONFIRMER CE MESSAGE :

LE NUMÉRO

99

LE SIGNE

Un ticket

LE MESSAGE DE L'ARCANE DE L'ÉTOILE

Ressens-tu cet apaisement qui t'habite depuis peu ? Tu as retrouvé l'étoile du Nord dans ton ciel. Après avoir été dans une période de confusion, tu te sens enfin sur ton chemin. Tu retrouves un sens. Il faut également noter que ta vie est bien plus équilibrée à présent. C'est une période paisible pour retrouver ton souffle, te reposer, avant de repartir à l'aventure.

SOYONS DIRECT

Oui, l'espoir renaît.

POUR CONFIRMER CE MESSAGE :

LE NUMÉRO

17

LE SIGNE

Une étoile

GUÉRISON

LE MESSAGE DE CÉRÈS

En astrologie, Cérès est un astéroïde qui représente la fertilité, ce qui nourrit, la compassion. Ce message t'incite à te questionner sur ce qui te motive en ce moment : quelle pratique nourrit ton âme et te fait vibrer ? Cérès t'invite aussi à réfléchir sur ta contribution au monde, sur la façon dont tu le nourris. Quelle trace souhaites-tu laisser de ton passage sur terre ?

SOYONS DIRECT

Oui, il faut explorer.

POUR CONFIRMER CE MESSAGE :

LE NUMÉRO

33

LE SIGNE

Un épi de blé

PRENDS UNE PROFONDE INSPIRATION ET RELÂCHE CETTE TENSION

FERTILITÉ

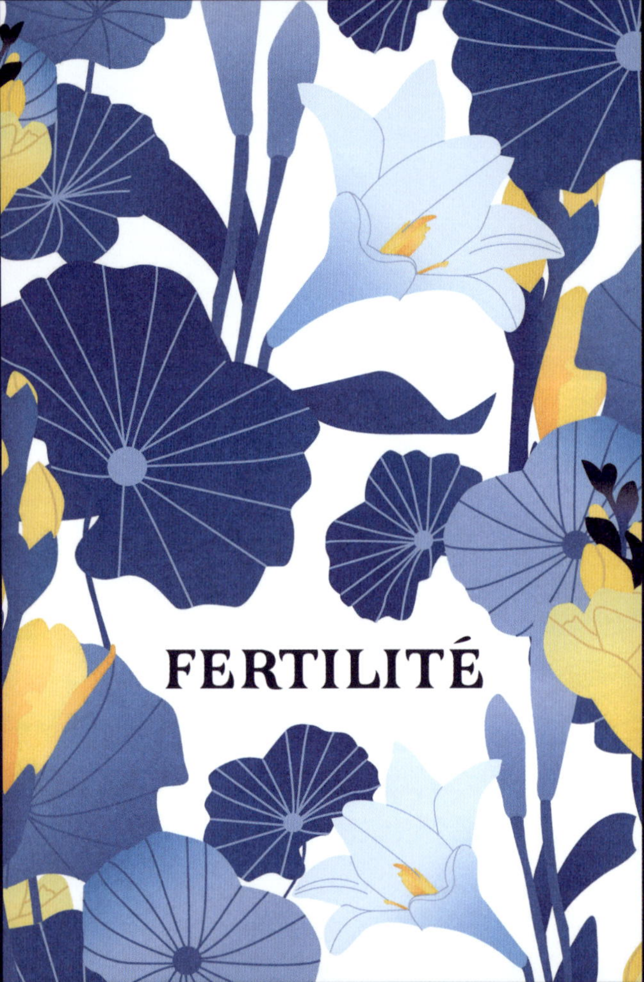

TENTE TA CHANCE AILLEURS

Que souhaites-tu accomplir au niveau professionnel ? Quel est ton rêve dans ce domaine ? Il faudrait que tu prennes un temps pour redéfinir tes objectifs, car tu ne sembles pas satisfaite de ta position actuelle. Ne serait-ce pas le moment de tenter ta chance ailleurs ? Tu rentres dans une période favorable pour la signature de contrats, pour les promotions ou les reconversions, alors ne laisse pas passer ta chance !

SOYONS DIRECT

Oui, c'est le moment ou jamais.

POUR CONFIRMER CE MESSAGE :

LE NUMÉRO

8

LE SIGNE

Une boussole

TU ES SUR
LE BON CHEMIN,
LE SUCCÈS EST
INÉVITABLE

FAIS TON BILAN SENTIMENTAL

Une petite introspection au niveau sentimental s'impose ! Essaye de souffler un peu ce mois-ci afin de te recentrer sur toi et sur ta vie amoureuse. Car il y a du ménage à faire dans ce domaine, seulement, à force de courir à gauche et à droite, tu n'arrives pas à le réaliser. Prends donc une pause pour sonder ton cœur : es-tu heureux·se ? Quelle est la prochaine étape pour toi ou pour ton couple ? Il y a bon nombre de questions qui attendent des réponses. Il ne faut pas faire l'autruche !

SOYONS DIRECT

Oui, c'est à envisager.

POUR CONFIRMER CE MESSAGE :

LE NUMÉRO
24

LE SIGNE
Cupidon

REVOIS TON PLAN DE BATAILLE

Ça ne va pas. Tu t'angoisses beaucoup trop sur un sujet en particulier ! Ton esprit tourne en boucle et n'envisage que les catastrophes. Il est temps de remettre de l'ordre dans tout ça. Je te propose de commencer par discuter de ce qui te soucie avec une personne de confiance, de prendre des conseils et des avis. Après, il te faudra établir des objectifs précis, puis lister les actions à mettre en œuvre et créer un planning de travail. Ensuite, une fois que les choses sont bien posées et définies, je veux que tu lâches prise ! La vie n'est pas qu'une succession de prises de tête, après tout !

SOYONS DIRECT

Non, il faut mieux cadrer tout ça.

POUR CONFIRMER CE MESSAGE :

LE NUMÉRO

10

LE SIGNE

Une étoile filante

RETROUVE
TON CHEMIN
N
NO
NE
O
E
SO
SE
S

LE MESSAGE DE LA PIVOINE

Tu es dans une période prospère ! La chance est de ton côté. Après tout, il fallait bien que la roue tourne. Car, oui, tu as eu ton lot de galères (peut-être dans le domaine de la santé ?). La pivoine fleurit pour te dire que tu es enfin dans une période favorable pour tes projets ou pour guérir totalement. Tout est aligné. Les bonnes nouvelles sont toutes méritées. Alors, profite pleinement de ce cycle et vis à fond tous ces instants de bonheur.

SOYONS DIRECT

Oui, tu réussis !

POUR CONFIRMER CE MESSAGE :

LE NUMÉRO

26

LE SIGNE

Une pivoine

ET SI TU PRENAIS LE TEMPS DE SAVOURER LA VIE PLUTÔT QUE DE CHERCHER À LA RÉUSSIR ?

DEMANDE DE L'AIDE

As-tu l'impression d'être pris·e au piège dans un cycle de malchance ? Tu ne sais plus quoi faire pour te sortir de cette impasse. Tout ce que tu tentes pour te sortir de là ne mène à aucun changement significatif. Le message pour toi est de ne pas rester seul·e. Il te faut un regard extérieur pour te permettre d'identifier le schéma répétitif et la cause de la situation. Ose demander de l'aide, tu trouveras une réponse favorable.

SOYONS DIRECT

Oui, il le faut.

POUR CONFIRMER CE MESSAGE :

LE NUMÉRO

39

LE SIGNE

Une main tendue

TRANSITION

LE MESSAGE DU MYOSOTIS

Cette fleur est appelée *forget-me-not* en anglais, *ne m'oublie pas*. Elle t'apporte un message d'amour. Si tu dois prendre une décision, celle-ci doit être faite avec le cœur. C'est ce dernier qui doit te guider. Le myosotis est aussi le signe qu'une très belle étape en amour va se réaliser sous peu. Tu connaîtras un amour fidèle et sincère. J'entends déjà ton cœur battre la chamade.

SOYONS DIRECT

Oui, ça arrive !

POUR CONFIRMER CE MESSAGE :

LE NUMÉRO

6

LE SIGNE

Un myosotis

SOIS DANS LE
MOMENT
PRÉSENT

UNE OPPORTUNITÉ STIMULANTE ARRIVE

Une bonne nouvelle dans le domaine professionnel va venir pimenter ton mois à venir. Il peut s'agir d'une promotion, d'une collaboration inédite ou bien d'un nouveau poste. Cette opportunité t'apporte de nouvelles responsabilités, c'est stimulant, mais stressant. Il te faudra un temps d'adaptation afin de prendre tes marques. Grâce à cette position, tu auras une réflexion sur ta façon de manager et celle dont tu souhaites évoluer. Un mois excitant en perspective !

SOYONS DIRECT

Oui, tu es prêt·e !

POUR CONFIRMER CE MESSAGE :

LE NUMÉRO

22

LE SIGNE

Une ampoule qui clignote

MATURITÉ

DÉCLARE FORFAIT

ACCEPTE LE CHALLENGE

Que t'arrive-t-il ? Toi qui d'habitude es si combatif·ve face aux challenges de la vie, là tu sembles douter. Peut-être est-ce à cause d'un manque de motivation ? Ce message est là pour te dire qu'il ne faut pas que tu traînes la patte. Cette évolution est nécessaire. Si elle se présente sur ta route, ce n'est pas pour rien. Bien sûr, il ne faut pas non plus foncer tête baissée, mais quand il faut y aller, il faut y aller !

SOYONS DIRECT

Oui, il le faut.

POUR CONFIRMER CE MESSAGE :

LE NUMÉRO

1

LE SIGNE

Un cheval

ORIGINALITÉ

POSITIONNE-TOI

Les prochains mois s'annoncent importants pour ton évolution. Il y a des décisions à prendre et des problèmes à régler. Impossible d'y échapper, toutes les situations qui sont actuellement floues devront être précisées. Non, tu ne peux plus rester indécis·e et attendre un autre signe. Tu perds un temps précieux, il faut que tu tranches. Pour t'aider à gravir cette montagne, sache que tu es plus fort·e que ce que tu imagines. Tu peux le faire, courage !

SOYONS DIRECT

Oui, c'est indispensable.

POUR CONFIRMER CE MESSAGE :

LE NUMÉRO

71

LE SIGNE

Une montagne

LE MESSAGE DE L'ARCANE DE LA LUNE

Y a-t-il une peur ou un souvenir douloureux qui s'impose dans ton esprit ? La lune évoque une part d'ombre cachée au fond de nous qui revient par cycles. Des sentiments enfouis qui remontent à la surface et nous déstabilisent. Aujourd'hui, si tu lis ce message, c'est que tu es en mesure d'apaiser ces maux. Tu peux faire confiance à ton instinct pour te guider vers les moyens qui t'offriront la guérison. Il est temps de tourner la page.

SOYONS DIRECT

Oui, il est temps de passer à autre chose.

POUR CONFIRMER CE MESSAGE :

LE NUMÉRO

18

LE SIGNE

Une lune

RIEN NE PEUT TE FAIRE CHAVIRER

INSTABILITÉ

LE MESSAGE DE CHIRON

En astrologie, cet astéroïde représente notre capacité à surmonter les blessures profondes, mais aussi les leçons que nous en tirons. Si ce message s'impose à toi aujourd'hui, c'est que tu as récemment traversé une épreuve importante. Ce bouleversement marque un tournant dans ton existence. Il y a un avant et un après. Si tu n'as pas terminé cette traversée, ce message te confirme que tu vas en venir à bout. Si cette épreuve est derrière toi, alors cette page est le signe que tu dois à présent en tirer les leçons et peut-être les transmettre à d'autres.

SOYONS DIRECT

Oui, le plus dur est passé.

POUR CONFIRMER CE MESSAGE :

LE NUMÉRO

99

LE SIGNE

Un pansement

LE MESSAGE DU CORBEAU

Une vérité va se révéler. Cette prise de conscience sera une tempête qui viendra remettre en question bon nombre de sujets que tu pensais acquis. Le corbeau vient se poser sur ton épaule pour te souffler que tu es prêt·e à entendre cette vérité. Il est temps que tu enlèves ce bandeau de tes yeux. Le corbeau est un animal de protection, il t'accompagnera dans cette traversée qui promet malgré tout d'être une belle évolution.

SOYONS DIRECT

Oui, même si cela s'annonce difficile.

POUR CONFIRMER CE MESSAGE :

LE NUMÉRO

9

LE SIGNE

Un corbeau

TU N'ES PAS PRÊT·E À T'ENGAGER

LE MESSAGE DU QUARTZ ROSE

Il est temps d'enterrer la hache de guerre et de faire la paix avec ton ou ta partenaire. Le quartz rose t'apporte le message qu'il faut cesser un conflit et retrouver une unité. Vous êtes une équipe, après tout. Si tu es célibataire, alors le message pour toi est de laisser plus de place à l'amour dans ta vie en ouvrant davantage ton cœur aux autres. Et peut-être aussi de te pardonner pour les erreurs passées ?

SOYONS DIRECT

Oui, il est temps de tourner la page.

POUR CONFIRMER CE MESSAGE :

LE NUMÉRO

66

LE SIGNE

Deux cœurs

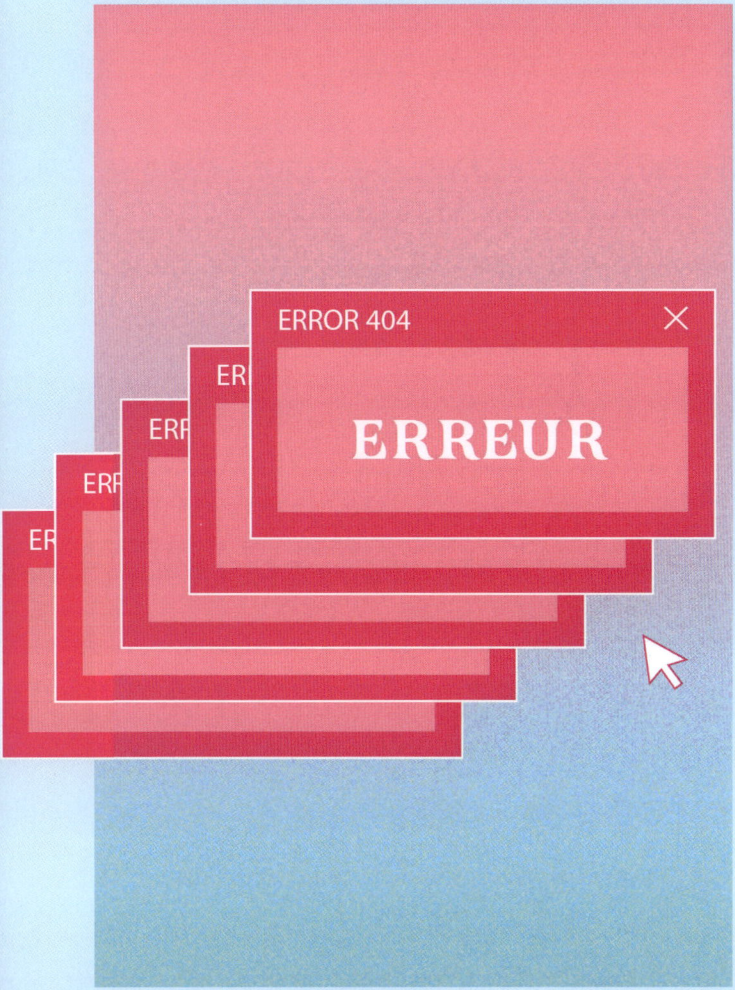
ERROR 404
ERREUR

TU RÉCOLTERAS
CE QUE TU SÈMES
AUJOURD'HUI

LE MESSAGE DU LAPIN

C'est un message *hot* que tu reçois. Le lapin bondit sur ta route pour te suggérer de te reconnecter à ton énergie sexuelle. Peut-être est-il question pour toi de reprendre du plaisir et de te reconnecter à ton corps ? Explore ce qui te fait vibrer : peut-être, créer une ambiance romantique, tester des accessoires, faire des jeux avec ta moitié, acheter de la lingerie sexy…
Le lapin évoque aussi la fertilité. Si tu souhaites faire un enfant, c'est un excellent signe. Referme ce livre et va t'amuser !

SOYONS DIRECT

Oh oui !

POUR CONFIRMER CE MESSAGE :

LE NUMÉRO

6

LE SIGNE

Un lapin

NOUVEL HORIZON

LE MESSAGE DE L'IRIS

L'iris ouvre ses pétales pour t'apporter le signe que tu es sur la bonne voie. Ces derniers temps, tu as entrepris d'importants changements. Tu fais un travail sur toi, tu n'hésites pas à remettre en question tes vieux schémas. Te rends-tu compte de tout le chemin que tu as parcouru ? Prends un temps pour savourer tes premières victoires et noter tout le chemin que tu as parcouru. Peut-être qu'un jour ces expériences se transformeront en enseignement à partager ?

SOYONS DIRECT

Oui, tu peux avancer en confiance.

POUR CONFIRMER CE MESSAGE :

LE NUMÉRO
73

LE SIGNE
Un iris

LE MESSAGE ASTRO DU BÉLIER

Tu te lances dans un projet professionnel de grande envergure ! Certes, tu pars de zéro et il y a beaucoup de travail à faire, mais cette mission ne te semble pas impossible. Le feu du Bélier bouillonne en toi, rien ne saurait t'arrêter.

Pour t'accompagner dans cette aventure, le Bélier te donne quelques conseils pratiques : faire preuve de patience, par exemple, car les premiers résultats ne sont pas pour tout de suite. Essaye de garder un cadre : au lieu de te donner à 100 %, commence à 70, cela te permettra de ne pas griller toute ta batterie dès le début.

SOYONS DIRECT

Oui, mais il faut y aller par étapes.

POUR CONFIRMER CE MESSAGE :

LE NUMÉRO

1

LE SIGNE

Un bélier ou le signe ♈

FAIS DE CE RÊVE UN PROJET

OUVRE UN NOUVEAU CHAPITRE FAMILIAL

Un changement plus ou moins attendu, mais positif, s'annonce dans ta sphère affective, plus précisément dans le domaine du foyer ou de la famille. Ce rebondissement constituera une expérience intense mais te permettra de considérer ta vie sous un nouvel angle. Il est important que tu restes flexible, car tu ne trouveras pas ton nouveau mode de fonctionnement du premier coup, il faudra tester et t'adapter.

SOYONS DIRECT

Oui, fais-toi confiance.

POUR CONFIRMER CE MESSAGE :

LE NUMÉRO

64

LE SIGNE

Un feu de cheminée

DISCUSSION

FAIS CE QUI EST JUSTE

LE MESSAGE DE L'AIGLE

Mon ami·e, il faut que tu reprennes confiance en toi. Tu as traversé une épreuve perturbante dans le domaine professionnel, qui te fait douter de tes compétences. L'aigle vole au-dessus de ta tête afin de t'inciter à te redresser et à reprendre ta route. Non, cet échec que tu as connu ne signe pas la fin de ta carrière. Tout n'est pas perdu, soit fier·e de ce que tu as accompli et choisis une nouvelle direction.

SOYONS DIRECT

Non, ce n'est pas impossible !

POUR CONFIRMER CE MESSAGE :

LE NUMÉRO

11

LE SIGNE

Un aigle

INVESTIS DANS TON FUTUR

Ton esprit est tourné vers le futur. Tu souhaites voir plus loin. Il peut être question de t'assurer une sécurité financière, pour toi et les générations futures, ou bien de réfléchir à tes aspirations profondes. Quel est ton but ultime ? Bref, il est temps d'investir dans ton avenir ! Il peut s'agir ici d'investissement immobilier ou bien de changement de carrière ou encore de projet de vie. La question que tu dois te poser est la suivante : « Comment imagines-tu ton futur ? » Quand tu seras une personne âgée, de quoi souhaites-tu être fier·e ? Est-ce que ce que tu fais aujourd'hui te mène vers cette vision ?

SOYONS DIRECT

Oui, il faut commencer à y penser.

POUR CONFIRMER CE MESSAGE :

LE NUMÉRO

88

LE SIGNE

Un nid

STRATÉGIE

LE MESSAGE DE L'AMÉTHYSTE

Actuellement, tu as du mal à avoir une vision claire sur ta situation. Ton mental s'agite comme un lion qui tourne en rond dans sa cage. L'améthyste t'invite à apporter de la clarté dans ton esprit, en t'ancrant dans un rythme plus calme et sain. Respire, arrête de courir. Cet apaisement dissipera ton stress et tes angoisses. Ce message est aussi la confirmation que tu as des bonnes intuitions, fais-toi davantage confiance.

SOYONS DIRECT

Non, il faut d'abord apaiser ton esprit.

POUR CONFIRMER CE MESSAGE :

LE NUMÉRO

7

LE SIGNE

Une améthyste
(une pierre violette)

CHANGE DE PERSPECTIVE

Si tu lis cette page, alors peut-être fais-tu face à un conflit ? Qu'il soit relationnel, générationnel ou bien idéologique, ce différend te met dans tous tes états ! Plutôt que de te montrer têtu·e, il vaut mieux essayer de comprendre l'autre parti. Changer de perspective, considérer le point de vue adverse et te mettre à la place de la personne en face. Bref, adopter une attitude plus bienveillante pour instaurer un échange plus ouvert.
Comme toujours, la communication est la clé : dialoguer pour trouver un compromis !

SOYONS DIRECT

Non, il faut mettre en place un environnement plus favorable.

POUR CONFIRMER CE MESSAGE :

LE NUMÉRO

9

LE SIGNE

Une poignée de main

AMUSEMENT

LE MESSAGE ASTRO DES POISSONS

Ce message t'invite à explorer davantage ta sensibilité artistique. Tu as un talent à découvrir ou à développer. Créer est pour toi un moyen de traduire tes ressentis, de faire passer des messages qui sont importants et d'exprimer ta vérité. Mais cela te permet également de te connecter aux autres. Car là où les mots peuvent te faire défaut, ton art parlera pour toi. C'est un outil puissant. Pourquoi ne pas partager tes créations en ligne ou dans une exposition, et rencontrer des personnes grâce à ce partage ? Quel thème souhaites-tu explorer ?

SOYONS DIRECT

Oui, c'est une bonne idée !

POUR CONFIRMER CE MESSAGE :

LE NUMÉRO

12

LE SIGNE

Un poisson ou le symbole ♓

LE MESSAGE DU LOUP

Pourquoi autant d'agressivité ? J'ai la sensation que tu te sens en danger. Ton esprit ne voit que le négatif et se sent attaqué à la moindre interaction. Résultat : tu t'isoles de plus en plus du monde extérieur par peur. Cette situation n'est pas tenable, comment peux-tu t'épanouir dans ce climat ? Pour sortir de cette situation, tu peux commencer par prendre du recul sur les situations ou relations qui attaquent ton estime de toi. Le loup t'encourage également à trouver ta nouvelle meute, des personnes ayant les mêmes aspirations et expériences que toi, avec qui tu pourras partager en confiance. Courage.

SOYONS DIRECT

Non, ce n'est pas tenable.

POUR CONFIRMER CE MESSAGE :

LE NUMÉRO

75

LE SIGNE

Un loup

TU AS TOUTES LES CARTES EN MAIN

DEMANDE
CONSEIL

CONNECTE-TOI AUX AUTRES

La semaine qui arrive s'annonce frustrante au niveau professionnel. Quelque chose coince. Malgré tous tes efforts, rien ne va comme tu le souhaites. Le timing n'est pas bon, tout simplement. Il faudra attendre une période un peu plus favorable pour voir un résultat concret. En attendant que le vent tourne, tu es invité·e à développer ton réseau professionnel. Tes connexions seront importantes pour la suite de ton projet, il ne faut pas négliger les collaborations.

SOYONS DIRECT

Non, pas pour le moment.

POUR CONFIRMER CE MESSAGE :

LE NUMÉRO

35

LE SIGNE

Une plume grise

IL FAUT REMETTRE DE L'ORDRE

RÉCOMPENSE-TOI

Ton quotidien mérite plus de légèreté. Tu accomplis énormément de travail dans tous les domaines, que cela soit au niveau personnel ou bien dans ton poste. Ta progression est réelle et visible. Je pense que tu as le droit de t'accorder une récompense avant de passer au prochain challenge. Tu n'es pas de mon avis ? Il est temps de souffler et de t'occuper de ton bien-être et de tes loisirs. À quand remontent tes dernières vacances ?

SOYONS DIRECT

Oui, tu mérites le meilleur.

POUR CONFIRMER CE MESSAGE :

LE NUMÉRO

8

LE SIGNE

Un palmier

LE MESSAGE DE VESTA

L'astéroïde Vesta représente le feu sacré qui anime ton âme. Si tu as ce message aujourd'hui, c'est que tu dois t'interroger sur tes valeurs, définir les combats que tu souhaites mener et les causes que tu veux défendre.
Si prendre une décision te tracasse, alors ce message te confirme que tu dois opter pour l'option la plus intègre. Fais ce qui est juste et reste fidèle à tes valeurs.

SOYONS DIRECT

Oui, il faut faire ce qui te semble juste.

POUR CONFIRMER CE MESSAGE :

LE NUMÉRO

8

LE SIGNE

Une épée

INDÉPENDANCE

TU AS
UNE SECONDE CHANCE

LE MESSAGE DE L'ARCANE DES AMOUREUX

Cette carte représente un choix à faire entre le cœur et la raison, le bien et le mal. Ici, il est question de dualité. Cet arcane expose la tension qui se crée quand tu te retrouves face à deux s'options. Ça ne peut pas durer, tu vas devoir te positionner. Est-ce que tu hésites entre deux personnes ? Est-ce que tu as du mal à trouver ta stabilité dans le domaine sentimental ? Le conseil des Amoureux est de faire un choix en pleine conscience, il faut viser à tout prix ce qui t'apportera la stabilité.

SOYONS DIRECT

Oui, il va falloir te décider à trancher.

POUR CONFIRMER CE MESSAGE :

LE NUMÉRO

6

LE SIGNE

Un couple

LE MESSAGE DE LA FOURMI

La fourmi vient à ta rencontre pour te porter le message suivant : si tu veux réussir, il va falloir travailler en équipe. Seul·e, on avance plus vite, mais à plusieurs, on va plus loin ! L'heure n'est donc pas à la solitude mais à l'union et à l'action. Si ton projet est bien défini, il est temps d'aller à la rencontre des personnes qui vont collaborer avec toi.
Le message de la fourmi est également de travailler, il faut te relever les manches et ne pas avoir peur de suer à la tâche. Tes efforts seront payants.

SOYONS DIRECT

Oui, il est temps de se lancer.

POUR CONFIRMER CE MESSAGE :

LE NUMÉRO

4

LE SIGNE

Une fourmi

CHOIX

LE MESSAGE DU SERPENT

Le serpent se présente sur ta route pour t'avertir que ta situation va changer. Que cette évolution soit positive ou mauvaise, tu ne peux pas lutter contre elle. Il faut accepter que la vie soit une succession de cycles. Rien n'est définitif. La seule chose que tu peux faire est de choisir la manière dont tu vas réagir. Comment ? En ne faisant pas l'autruche face aux changements qui s'imposent et en gardant un esprit optimiste et pratique. Tu trouveras toujours des solutions.

SOYONS DIRECT

Non, il faut lâcher prise.

POUR CONFIRMER CE MESSAGE :

LE NUMÉRO

9

LE SIGNE

Un serpent

DEMANDE DE L'AIDE

NFANCE
DIPLÔME EN POCHE
CHAGRIN
D'AMOUR
EXPATRIATION DU JOUR AU LENDEMAIN
RETOUR
AU PAYS
NOUVEAU TRAVAIL
L'AMOUR, LE VRAI
NOUVEAU
CHAPITRE

FAIS UN PAS VERS L'AUTRE

As-tu un souci relationnel en ce moment ? Il y a de la tension dans l'air. Les rapports sont conflictuels, vous ne vous comprenez plus.
Tu te montres trop exigeant·e, envers cette personne mais aussi envers toi-même. Ce qui n'apaise pas la problématique ! Il faut que tu fasses preuve de plus de compassion. Mets-toi à sa place, engage un dialogue plus constructif. C'est à toi de faire le premier pas, tu devras entamer un échange plus optimiste et sympathique. Oui, tu peux le faire !

SOYONS DIRECT

Oui, il faut trouver une solution !

POUR CONFIRMER CE MESSAGE :

LE NUMÉRO

222

LE SIGNE

Un oiseau blanc

LE MESSAGE DE SATURNE RÉTROGRADE

Rien ne se déroule comme tu le souhaites ? C'est normal, Saturne rétrograde vient te barrer la route et amener le chaos dans tes plans. Avant de t'indigner, sache que ce blocage n'est pas là pour te faire souffrir gratuitement. Si tu es bloqué·e, c'est qu'il y a une raison : tu n'es pas au bon endroit. Si une situation s'arrête, c'est qu'elle avait fait son temps. Tu traverses une période de vie qui te semble dure mais qui est nécessaire pour remettre les pendules à l'heure ! Une autre voie va se dessiner pour toi. Et, crois-moi, tu ne regretteras pas ce changement d'itinéraire.

Et si tu es dans un processus judiciaire, petit conseil : muscle ton argumentaire. Justice sera faite !

SOYONS DIRECT

Non, pour l'instant, pas de grand projet.

POUR CONFIRMER CE MESSAGE :

LE NUMÉRO

6

LE SIGNE

Saturne

OSE CHANGER DE VOIE

CADEAU

REVISITE TON PASSÉ

Cette semaine, c'est ton cœur qui prendra la première place. Tu réfléchiras à travers le prisme émotionnel. Il se peut que tu te sentes particulièrement nostalgique ou émotif·ve. Tu revisites les souvenirs de ton passé. Tu explores tes expériences afin de comprendre les leçons que la vie t'a enseignées. Cette exploration du passé est nécessaire, mais attention à conserver du recul dans ce processus, il faut préserver ta capacité d'analyse si tu veux pouvoir tirer des conclusions pour évoluer. Peut-être est-ce un travail que tu pourrais partager avec des proches pour t'aider de leur regard extérieur ?

SOYONS DIRECT

Oui, il est temps de faire un point.

POUR CONFIRMER CE MESSAGE :

LE NUMÉRO

4

LE SIGNE

Une clé

PARTAGE TES EXPÉRIENCES ET TES RESSENTIS

C'EST LA NAISSANCE DE QUELQUE CHOSE

Il y a l'énergie d'une naissance qui t'entoure. Est-ce celle d'un enfant, d'un projet ou bien une facette de ta personnalité que tu révèles ? Dans tous les cas, ce chapitre est extrêmement stimulant. Effrayant certes, mais surtout excitant !
Le conseil pour toi est de te faire confiance. Ça ne sera pas parfait, mais rien ne l'est, après tout. Tu feras des erreurs, mais elles pourront être rattrapées. Il est temps de se lancer !

SOYONS DIRECT

Oui !

POUR CONFIRMER CE MESSAGE :

LE NUMÉRO

1

LE SIGNE

Un bourgeon ou une fleur en bouton

LE MESSAGE DE L'ARAIGNÉE

L'araignée vient à ta rencontre pour t'apporter le message suivant : si tu veux réussir dans ta carrière, il faut que tu tisses ta toile. Créer ton réseau professionnel et l'entretenir, mais aussi continuer à développer tes compétences avec des formations, commencer des projets, faire évoluer tes finances, tout comme accorder du temps pour la détente et ta vie personnelle. Ta toile est la base qui sous-tend et soutient toute ta vie pro. Chacun de ses angles doit être solide pour tenir dans le temps et continuer à grandir. Si tu croises une araignée dans les prochains jours, elle viendra te confirmer que tu peux créer une carrière solide et épanouissante.

SOYONS DIRECT

Oui, tu en es capable.

POUR CONFIRMER CE MESSAGE :

LE NUMÉRO

39

LE SIGNE

Une araignée

TRAVAIL
Work

TU VAS REMONTER LA PENTE

LE MESSAGE DU GÉRANIUM

Tout ira bien, voilà le message que t'apporte le géranium. Cette fleur est le symbole de la fertilité, de l'amour, de la santé et de la protection. Si tu souhaites faire un enfant, renouer avec ton énergie sexuelle ou te lancer dans un processus de guérison : c'est un grand OUI. Le moment est venu, cette période est idéale pour te lancer, tu es prêt·e.
Tu peux fleurir tes fenêtres avec des géraniums aux fleurs rouges pour t'apporter de l'amour, et laisse-toi envahir par cette pensée : oui, tout ira bien.

SOYONS DIRECT

Oui, c'est un grand oui !

POUR CONFIRMER CE MESSAGE :

LE NUMÉRO

62

LE SIGNE

Un géranium

IL EST TEMPS DE PARTIR

Si tu hésites entre partir et rester, ce message te confirme qu'il est temps d'y aller.
Tu es resté·e dans cette relation conflictuelle ou dans ce poste depuis bien trop longtemps. C'est le moment de tourner la page et de partir. Je comprends qu'il soit difficile d'abandonner ce lien et cette situation, tu y as investi tellement d'énergie et d'espoir ! Mais ce message montre un autre chemin pour toi. Il y aura bien sûr un temps de pause (célibat ou chômage) pour faire le point, mais un autre chapitre ne tardera pas à s'écrire. Je te souhaite du courage et beaucoup d'espoir, le meilleur est à venir.

SOYONS DIRECT

Oui, il est temps de couper.

POUR CONFIRMER CE MESSAGE :

LE NUMÉRO

81

LE SIGNE

Une chaîne

C'EST DU PASSÉ

CHANGE DE CIBLE

Cela fait un moment que tu stagnes. Rien ne se passe. Et ce n'est pas par démotivation ou ennui, non, au contraire, toi, tu bouillonnes d'idées ! Seulement, tu ne trouves pas le moyen de les exprimer. Tu te dis « J'ai tellement à donner mais personne ne me laisse ma chance ». Le message pour toi est de modifier de cible ou de façon de faire. Si ça bloque, c'est que ce n'est pas la bonne méthode. Il faut donc revoir la façon dont tu te présentes, ton discours, à qui tu t'adresses. Si tu as des difficultés à établir ce bilan, n'hésite pas à demander un regard extérieur ! Tu as du potentiel, n'en doute pas.

SOYONS DIRECT

Oui, mais il faut revoir la stratégie.

POUR CONFIRMER CE MESSAGE :

LE NUMÉRO

77

LE SIGNE

Une loupe

IL FAUT REVOIR TA STRATÉGIE

RAYONNEMENT

ENTOURE-TOI

Il te faut de l'aide. J'ai de toi l'image d'un animal blessé qui se terre loin du monde extérieur pour guérir ses blessures. Sache que ce n'est pas la bonne méthode ! Oh, que non ! Cet isolement t'affectera plus qu'autre chose. Tu es en train de traverser une importante épreuve. Ce message est là pour te confirmer qu'il faut t'entourer de personnes sûres à qui tu pourras révéler ta vulnérabilité. Des personnes qui sont là pour toi. C'est d'être ensemble qui te permettra de remonter la pente.

SOYONS DIRECT

Oui, mais tu dois être accompagné·e.

POUR CONFIRMER CE MESSAGE :

LE NUMÉRO

66

LE SIGNE

Une main tendue

TU VAS CICATRISER

LE MESSAGE DE LA PLEINE LUNE

Après tant d'efforts, l'heure est à la récolte. La pleine lune est une phase de bilan, tu profites de ce que tu as semé précédemment. Il peut s'agir de t'accorder plus de confort grâce à des retombées financières, d'une relation amoureuse solide qui se construit sereinement grâce à ta maturité ou bien d'une promotion intéressante due à ton investissement au travail.

Si tu ne te sens pas dans cet état d'esprit, c'est que ce que tu as commencé n'est pas finalisé. C'est donc pour toi le moment idéal pour concrétiser des projets, atteindre des objectifs.

La pleine lune est une phase importante dans le mois, il y a une atmosphère magique, nos sens et la nature sont en éveil. Fais confiance à ton instinct.

SOYONS DIRECT

Oui, c'est le moment idéal.

POUR CONFIRMER CE MESSAGE :

LE NUMÉRO

90

LE SIGNE

Une lune

LE MESSAGE DU FAON

Le faon vient à ta rencontre pour t'inviter à apporter plus de légèreté et d'innocence dans ton quotidien. Le monde extérieur peut être bien rude, le stress commencer à atteindre ton moral. Il est temps de te reconnecter avec ton enfant intérieur. Tu peux te replonger dans des films de ton enfance, faire des activités créatives ou des jeux. Ces petits riens viendront de réconforter, alors pourquoi s'en priver ?

SOYONS DIRECT

Non, prends du temps pour toi, plutôt.

POUR CONFIRMER CE MESSAGE :

LE NUMÉRO	**LE SIGNE**
36	Un faon

ENSEMBLE

PASSÉ, PRÉSENT, FUTUR

Ce message t'invite à faire le point sur ton évolution en trois temps. Repartons un peu en arrière : quels étaient tes rêves il y a dix ans ? Où en es-tu actuellement, est-ce que tu as accompli ce que tu désirais à l'époque ? Prends un moment pour te remémorer ce temps où tu rêvais de ton futur et des choses que tu possèdes peut-être à présent.

Aujourd'hui quelle est ta situation ? Travailles-tu toujours avec la passion du début ? Te sens-tu à ta place ou bien as-tu la sensation de te forcer à poursuivre dans cette voie ? Il est toujours temps d'ajuster ce qui ne te convient pas.

Et quels sont tes objectifs pour le futur, de quoi rêves-tu désormais ?

SOYONS DIRECT

Oui, ça peut être intéressant.

POUR CONFIRMER CE MESSAGE :

LE NUMÉRO	**LE SIGNE**
7	Une balance

CONCENTRE-TOI SUR TES FORCES ET DÉVELOPPE CE QUI TE REND UNIQUE

IMAGINATION

FAIS LE DEUIL

Mon ami·e, je sens en toi une profonde tristesse et de la colère, car une promesse n'a pas été tenue. J'ai l'image d'un cœur brisé. Le deuil n'est pas fait. Il te faut du temps pour remettre de l'ordre dans ton esprit. Tu n'es donc pas prêt·e à te réengager dans une histoire pour l'instant. Impossible de construire si le socle n'est pas stable, ne te force pas à faire bonne figure. Expulse de ton cœur ce qui te pèse : en extériorisant ce sentiment d'injustice, en exprimant ton ressenti par des mots ou bien grâce à ta créativité, par exemple. Le soleil revient toujours, même après la pire des tempêtes.

SOYONS DIRECT

Non, tu n'es pas prêt·e.

POUR CONFIRMER CE MESSAGE :

LE NUMÉRO

99

LE SIGNE

Un cœur brisé

LE MESSAGE DU MUGUET

Ces belles petites fleurs en forme de clochette sonnent une douce mélodie d'amour ! Elles sont le signe que tu vas rencontrer une belle personne (ou bien renouer des liens solides avec ta moitié). Cette union est harmonieuse, sincère. Vous vous épaulez l'un l'autre. C'est une relation parfaite pour s'épanouir dans le domaine sentimental, en sécurité, car tu peux te montrer vulnérable et être authentique. Tu ne seras pas jugé·e. Alors qu'attends-tu pour déclarer ta flamme ?

SOYONS DIRECT

Oui, tu peux le faire en toute confiance.

POUR CONFIRMER CE MESSAGE :

LE NUMÉRO

2

LE SIGNE

Un brin de muguet

CHANCE

IMPOSE-TOI

LE MESSAGE DE LA SOURIS

Tu es un·e battant·e, rien ne peut te mettre à terre. Voilà le message de la souris. Ce petit animal est réputé pour son instinct de survie et son ingéniosité. Peu importe la situation dans laquelle tu te trouves, peu importe les personnes à qui tu fais face, tu t'en sortiras toujours. Ton esprit pratique trouve facilement des solutions. Peu importe quand ou comment, tu obtiendras ce que tu souhaites !

SOYONS DIRECT

Oui, rien ne te résiste !

POUR CONFIRMER CE MESSAGE :

LE NUMÉRO

15

LE SIGNE

Une souris

GARDE TON COEUR OUVERT

LE MESSAGE DE L'ONYX

Peut-être traverses-tu actuellement une période difficile. Ton esprit est accaparé par la tristesse et l'angoisse, qui te laissent un profond sentiment de vide. Comme si l'ombre était trop épaisse.

Ton mental doit se stabiliser en avançant étape par étape. Commence par cibler ce qui te fait souffrir, choisis des personnes pour t'apporter soutien et conseil. Tu dois te sentir ancré·e en adoptant une vie stable, saine, une routine réconfortante. Un exercice que j'aime faire dans ces périodes est de noter tous les soirs trois choses positives de la journée. Cela permet de prendre conscience de tous ces petits riens qui font de la vie une belle expérience. N'abandonne pas.

SOYONS DIRECT

Non, il faut d'abord régler certaines choses.

POUR CONFIRMER CE MESSAGE :

LE NUMÉRO

88

LE SIGNE

Un rayon de soleil

AU SUIVANT !

Il faut déclarer forfait. Tu as fait tout ce qui était en ton pouvoir pour faire bouger les lignes. Malheureusement cela a été en vain. Tes intentions étaient bonnes, ce n'était tout simplement pas le bon timing. Je te souhaite de tourner au plus vite cette page. D'en conserver les souvenirs heureux, sans amertume, et de passer à la suite. Ce n'est pas un échec. Tu as tenté ta chance ici, mais elle a choisi de te sourire ailleurs. *Next* !

SOYONS DIRECT

Non, sans regrets !

POUR CONFIRMER CE MESSAGE :

LE NUMÉRO

9

LE SIGNE

Un livre noir

RENCONTRE

LE MESSAGE DU DRAGON

Il n'y a pas de problème, que des solutions. Le dragon vole au-dessus de ta tête pour te protéger et t'apporter sa sagesse. Si tu fais face à une problématique, le dragon t'incite à garder ton sang-froid, de choisir l'option la plus logique, la plus sage, et de t'y engager avec courage. Tu es capable de surmonter les obstacles qui se présenteront sur ta route, n'en doute pas. Le dragon te pousse également à avancer la tête haute et à appuyer ta position de force. Affirme-toi.

SOYONS DIRECT

Oui, tu en es capable.

POUR CONFIRMER CE MESSAGE :

LE NUMÉRO

14

LE SIGNE

Un dragon

INVESTIS-TOI DANS TES AMITIÉS

Ce message t'invite à t'investir davantage dans tes amitiés. À sortir de ta bulle pour passer plus de temps avec tes proches. Ces moments de partage se font rares, et pourtant ils sont si précieux ! Une personne en particulier dans tes ami·es aurait bien besoin d'un instant d'échange et de détente avec toi. Pourquoi ne pas organiser un repas ou une sortie ?

SOYONS DIRECT

Oui, c'est une bonne idée !

POUR CONFIRMER CE MESSAGE :

LE NUMÉRO

222

LE SIGNE

Le mot «ami»

HÉRITAGE

EXPLORE TES RACINES

Ce message est une invitation à te replonger dans ton passé et à honorer tes racines. Plus particulièrement : tes origines. C'est en étudiant ton arbre généalogique et tes traditions que tu trouveras une force supplémentaire. Imagine un arbre dont les racines sont peu profondes : il est affaibli et instable. Tu as besoin de te connecter à tes racines pour retrouver l'ancrage, la stabilité et la solidité. Plonge-toi dans les albums de famille, visite ta ville ou ton pays d'origine, réfléchis aux caractéristiques positives que tu as héritées de tes ancêtres... Honore ces derniers, ils te constituent.

SOYONS DIRECT

Oui, il est temps de prendre un moment pour étudier ça.

POUR CONFIRMER CE MESSAGE :

LE NUMÉRO

9

LE SIGNE

Des racines

TROUVE TA VOIX

Si cette page t'a choisie, alors c'est que tu as des choses à exprimer, mais malheureusement tu as du mal à les dire clairement. C'est encore flou pour toi. Peut-être est-ce lié à des souvenirs oubliés enfouis en toi, à des émotions peu conscientisées, ou bien est-ce plusieurs sentiments qui se confondent ? Pour dissiper cette brume et apporter plus de clarté, je te propose d'utiliser un autre moyen d'expression que la parole, plus intuitif : le dessin, le chant, la poésie. Trouve le médium avec lequel tu te sens le plus libre.

SOYONS DIRECT

Oui, il faut que ça sorte !

POUR CONFIRMER CE MESSAGE :

LE NUMÉRO

3

LE SIGNE

Une palette de peinture

NE LAISSE PAS
LES DIFFICULTÉS
TE DÉCOURAGER

LE MESSAGE DE LA MALACHITE

Cette pierre vient t'aider à guérir une blessure émotionnelle. Ton cœur souffre silencieusement à la suite d'un conflit familial ou amoureux. Tu n'as pas encore eu l'occasion de t'expliquer ou de mettre des mots sur ce que tu éprouves. Avec la malachite, tu es invité·e à faire preuve de compassion pour toi mais également pour les autres. Essaye d'écrire un discours calme et réfléchi pour dire ta vérité. Tout s'apaisera dans quelque temps.

SOYONS DIRECT

Non, ce n'est pas un bon timing.

POUR CONFIRMER CE MESSAGE :

LE NUMÉRO

666

LE SIGNE

Une malachite
(une pierre verte)

ATTENTE

FAIS DE TON MIEUX

CHOUCHOUTE TON CORPS

Il faut que tu prennes soin de toi. Bon, je te comprends, ces derniers temps ont été intenses, tu t'es retrouvé·e dans une spirale qui t'a emporté·e dans un rythme frénétique. Ton mental est actif de jour comme de nuit : il y a tant de choses à faire, tant de choses à planifier en si peu de temps ! À cause de cette course contre la montre, tu t'es négligé·e. Ton corps a besoin de ton attention, il faut te chouchouter. Car s'il lâche, tout sera à l'arrêt. Mauvais calcul ! Il est donc temps de te faire masser, de reprendre le sport et de bien dormir.

SOYONS DIRECT

Non, tu n'en as pas l'énergie.

POUR CONFIRMER CE MESSAGE :

LE NUMÉRO

0

LE SIGNE

Une fleur blanche

TENTE TA CHANCE

OSE TE DÉCLARER

Il y a des sentiments en toi qui ont besoin d'être exprimés. Ton cœur bat si fort pour une personne ou un projet d'amour : pourquoi gardes-tu tout ça en toi ? Il faut dire clairement ce que tu ressens, car plus tu attends et plus le mental s'en mêle, donc plus tu auras peur et plus tu t'imagineras n'importe quoi. Tu sais, cette situation où ton esprit invente plein de scénarios catastrophiques ? On ne veut pas ça. Autant être fixé·e rapidement sur ce qu'il en est vraiment pour conserver ta spontanéité et apparaître tel·le que tu es. Prends ton courage à deux mains et déclare ta flamme !

SOYONS DIRECT

Oui, il est temps de dire les choses.

POUR CONFIRMER CE MESSAGE :

LE NUMÉRO

63

LE SIGNE

Un cœur ex-voto

LE MESSAGE DU COQUELICOT

Cette fleur des champs à la couleur rouge vif est le symbole du deuil et du souvenir. Si le coquelicot vient poser ses pétales sur toi aujourd'hui, c'est qu'une personne décédée est à tes côtés pour te protéger et te guider. « On ne s'oublie pas », dit le coquelicot dans le langage des fleurs.
Cette présence est une force. Pour honorer cette personne, tu peux allumer une bougie rouge et faire une courte méditation.

SOYONS DIRECT

Oui, tu es accompagné·e.

POUR CONFIRMER CE MESSAGE :

LE NUMÉRO

222

LE SIGNE

Un coquelicot

CE N'EST PAS EN RESTANT DANS UNE IMPASSE QUE TU TROUVERAS TA VOIE

NOUVEAU
CYCLE

LE MESSAGE ASTRO DES GÉMEAUX

Qui t'oblige à trancher ? J'ai l'impression qu'avec toi, c'est tout ou rien. Heureusement, les Gémeaux viennent te montrer qu'une autre possibilité est ouverte. Ta personnalité est complexe, polyvalente, il n'y a pas qu'un seul chemin pour toi. Tu peux donc combiner plusieurs projets, cumuler plusieurs mi-temps… Tu as les capacités nécessaires pour faire plusieurs choses à la fois, alors pourquoi se limiter et s'imposer le choix d'une seule option ?

SOYONS DIRECT

Oui, tu en es capable.

POUR CONFIRMER CE MESSAGE :

LE NUMÉRO

3

LE SIGNE

Gémeaux ou le signe ♊

TU ES PRÊT·E À T'ENGAGER

Ce message se présente aujourd'hui à toi pour te confirmer que tu es prêt·e à t'engager dans une nouvelle étape sentimentale. Tu sais ce que tu veux, et tu es suffisamment mature pour faire face aux difficultés. Quelques années auparavant, une telle relation t'aurait peut-être effrayé·e. Ce n'est plus le cas, alors investis-toi pleinement dans cette nouvelle aventure.

SOYONS DIRECT

Oui, tu es prêt·e.

POUR CONFIRMER CE MESSAGE :

LE NUMÉRO

24

LE SIGNE

Une alliance

SI TU NE RESSENS
PAS D'ÉTINCELLE
ALORS CE N'EST
PAS POUR TOI

PARDONNE

Est-ce que tu gardes dans le cœur une amertume concernant une personne de ton entourage ? Il y a un pardon à accorder. Mais peut-être est-ce encore trop tôt, car ta colère est vive. Il faut lâcher prise d'abord, afin de tourner une page qui est restée ouverte bien trop longtemps. Cette relation t'empêche d'avancer sereinement dans ton existence, comme si tu étais toujours ramené·e vers elle. Ce message te confirme qu'il faudra finir par pardonner ou te pardonner pour pouvoir avancer.

SOYONS DIRECT

Non, inutile de rester là, il faut avancer.

POUR CONFIRMER CE MESSAGE :

LE NUMÉRO

999

LE SIGNE

Un drapeau blanc

GRAVIS
LA MONTAGNE

GRANDIS
ET OSE
POUR AVOIR
UN FUTUR
GRANDIOSE

LE MESSAGE DE L'ABEILLE

Il te faut de la rigueur pour avancer correctement ! Voilà le message, un peu strict, de l'abeille.
Tu as posé tes objectifs, pourtant tu n'avances pas de façon significative. La raison ? Ton désordre ! Tu pars dans tous les sens, tu éparpilles tes affaires. L'abeille vient t'apporter la rigueur qui te fait défaut. Pour commencer, tu peux établir un planning, ranger ton espace de travail et réduire tes affaires au strict minimum. C'est l'heure de faire du tri !

SOYONS DIRECT

Non, tu t'y prends mal, il faut restructurer tout ça !

POUR CONFIRMER CE MESSAGE :

LE NUMÉRO

4

LE SIGNE

Une abeille

LE MESSAGE DE L'ARCANE DE LA FORCE

Mon ami·e, si tu veux réussir, il va falloir faire preuve de self control et de détermination. La maîtrise de soi est importante dans ce cas précis : il ne faut pas te précipiter ni t'énerver ni garder une volonté de fer et refuser les compromis, il faut conserver une souplesse dans les échanges. Persévérer mais ne pas s'obstiner. C'est un subtil équilibre à trouver !

SOYONS DIRECT

Oui, doucement mais sûrement.

POUR CONFIRMER CE MESSAGE :

LE NUMÉRO

11

LE SIGNE

Un lion

ÉVALUE
LA SITUATION

REMERCIEMENTS

Je tiens à remercier Lama Younès-Corm, Gwladys Greusard et les équipes des éditions Solar pour leur gentillesse et leur accompagnement tout au long de la réalisation de cet ouvrage.
Merci à mon équipe interne de m'avoir soutenue pendant l'écriture de ce livre : mon chat Faramond qui m'obligeait régulièrement à prendre des pauses en sautant sur mon clavier et mon compagnon Cyril, qui soulevait nos cartons de déménagement !

Et enfin merci à toi pour ta confiance !

Direction : Didier Férat
Direction éditoriale : Lama Younès-Corm
Édition : Gwladys Greusard
Correction : Véronique Badin
Fabrication : Laurence Duboscq

Maquette intérieure et couverture : Caroline Drogo

ISBN : 978-2-263-18608-0
Code éditeur : L18608/01
Dépôt légal : octobre 2024

Imprimé en Chine par Toppan

Solar, un département d'édi8
92, avenue de France
75013 Paris
serviceclients@lisez.com